하석태의
세일즈 성공법칙

배우고 실행하고 성공하라!

하석태의 세일즈 성공법칙

초판 1쇄 펴낸 날 2019년 11월 25일
초판 3쇄 펴낸 날 2023년 03월 20일

지은이 하석태
펴낸이 김형성
펴낸곳 ㈜ 시아컨텐츠그룹

주소 서울시 마포구 월드컵북로5길 65 (서교동), 주원빌딩 2F
전화 (02) 3141-9671
팩스 (02) 3141-9673
이메일 siaabook9671@naver.com
등록일 2014년 5월 7일
등록번호 제 406-251002014000093호

ISBN 979-11-88519-18-7 (03320)

이 도서의 국립중앙도서관 출판예정도서목록(CIP)은 서지정보유통지원시스템
홈페이지(http://seoji.nl.go.kr)와 국가자료공동목록시스템(http://www.nl.go.kr/kolisnet)에서
이용하실 수 있습니다. (CIP제어번호: CIP2019045815)

HST

Habit
Ship
Technique

배우고 실행하고 성공하라

하석태의
세일즈
성공법칙

하석태 지음

파는 자만이 생존한다!

30년 전, 성공하기 전에는 절대로 마산 땅을 밟지 않겠다고 굳게 결심한 후 서울행 야간열차에 몸을 실었다. 연고 하나 없는 서울에서 처음 시작한 일이 세일즈였다. 일주일 동안 세일즈 실무교육을 받았다. 기본적인 상품교육, 선배들의 세일즈 영웅담, 그리고 아침마다 외치는 "나는 할 수 있다!"는 구호가 교육의 전부였다.

이후 나는 거대한 도시의 외로운 하이에나가 되어 하릴없이 서울 시내를 빙빙 돌았다. 술 마시고 갈등하고 방황하는 시간의 연속이었다.

그러던 어느 날, 우연히 일본의 영업왕 하라 잇페이原一平의 저서 『마이더스의 손』을 접했고, 책장이 닳아서 너덜너덜해질 때까지 읽고 또 읽었다. 이 책에는 특별한 세일즈 노하우나 비법이 없었지만 나는 지푸라기라도 잡는 심정으로 한 구절 한 구절, 사례 하나하나를 곱씹으며 생각하고 또 생각했다. 그리고 내 세일즈 활동에 대입하고 내 방식대로 해석해서 하나씩 실행하기 시작했다. 이것이 내 세일즈의 첫걸음이었다.

마침내 나는 세일즈 챔피언이 되었고, 많은 영업인들의 롤 모델이 되었다. 그리고 언젠가부터 나 스스로 한국의 하라 잇페이가 되어 방황하는 영업인들에게 꿈과 희망을 전해야겠다고 결심했다. 이것을 영웅 심리라고 말해도 좋고, 돈키호테 같은 선택이라고 생각해도 좋다. 어쨌든 인생 후반전, 나는 나의 길을 가고 있다.

2013년, 대기업의 영업총괄 임원직을 박차고 나와 내 이름을 딴 영업교육 회사를 세웠으며, 지리산에 힐링센터를 만들었다. 그리고 2016년, 유튜브 채널 '하석태TV'를 개설해 영업인들을 위한 방송을 시작했다. 내 꿈은 대한민국 최초의 세일즈 학교를 설립하는 일이다. 이제 그 막연한 꿈을 구체적인 목표로 바꿀 때가 되어, 그 출사표로서 이 책을 내기로 했다.

세일즈는 전략이 아니라 생존의 문제다. 이제는 '적자 생존'의 시대가 아니라 '팔자 생존'의 시대다. 자기가 가진 재능과 실력을 팔지 못하는 개인은 돈과 시간의 노예가 되고, 자기가 만든 상품과 서비스를 팔지 못하는 기업은 경쟁에서 사라지는 냉정한 세상이다.

세일즈 역량이야말로 모든 개인과 기업과 국가의 핵심 경쟁력이다. 해외 순방에 나서는 대통령에서부터 부모에게 용돈을 얻어내려고 애교작전을 펼치는 아이에 이르기까지, 세일즈 행위가 아닌 일이 없다. 의사는 의술을 팔고, 강사는 강의를 팔고, 처녀 총각은 자신의 매력을 팔아야만 생존할 수 있는 세상이다. 이제는 세일즈의 승자가 세상을 지배하는 '세일즈 천하'가 되었다.

이렇게 세상이 바뀌었는데, 세일즈에 대한 세간의 인식 변화는 너무나 더디다. 세일즈를 가르치는 학교도 없고, 세일즈를 연구하는 학자도 없으며, 세일즈를 배우는 학생도 없다. 모두들 세일즈가 중요하다고 말은 하지만, 현실적인 노력은 전무한 실정이다.

필자가 이 책을 내는 이유가 여기에 있고, 세일즈 교육 전문회사를 설립한 이유가 여기에 있으며, 세일즈 학교를 세우려는 이유도 여기에 있다. 개인의 타고난 적성이나 성향에만 의존하는 세일즈, 체계 없는 경험담이나 전설 같은 영웅담을 되풀이하는 세일즈 교육은 이제는 멈추어야 한다.

이 책의 집필 의도와 목적은 다음과 같다.

첫째, 반평생 동안 소위 '필드field'에서 실전 세일즈에 종사해온 필자의 경험과 성공 사례를 바탕으로, 세일즈의 가장 기본적이고 원칙적인 방법을 제시하려고 한다. 필자는 이 방법론에 'HST

세일즈 성공법칙'이라는 이름을 붙였으며, 이에 대해서는 본문에서 자세히 설명할 예정이다. HST 세일즈 성공법칙은 어느 분야의 세일즈에 종사하든 간에 실무적으로 이해할 수 있고, 세일즈 현장에 즉시 적용 가능하며, 효과적인 실적을 만들어 낼 수 있는 방법이다. 그 구체적인 내용은 필자가 세일즈 현장에서 오랜 시간 동안 발로 뛰고 몸으로 부딪치며 체득한 이론과 기법들이다.

둘째, 무엇보다도 필자는 이 책이 세일즈 현장에서 불철주야 뛰고 있는 영업인들과 이들을 육성하고 지원하는 매니저들에게 힘이 되는 한편, 영업인으로서의 자긍심을 높여주기를 소망한다. 나아가 성공과 실패의 차이가 어디에서 결정되고, 반드시 성공하는 세일즈의 법칙이 무엇인지를 들려주고 싶다.

셋째, 세일즈에 도전할까 고민하면서, 세일즈에 대해 막연한 두려움이나 안 좋은 선입관을 가지고 있는 젊은이들에게 일종의 가이드가 되었으면 한다. 이들에게 또 하나의 고기 잡는 방법을 알려주자는 조바심이 이 책의 집필에 매달린 또 다른 이유다.

많은 영업인들이 세일즈를 잘하기 위해 다양한 교육을 받고 있지만, 교육과 현장은 괴리가 크다. 학교 우등생이 곧바로 사회 우등생으로 연결되지는 않듯이, 교육을 잘 받은 영업인과 세일즈를 잘하는 영업인은 서로 다르다. 그만큼 세일즈의 세계에서는 이론과 실전이 많이 다른 실정이다.

나는 이 책을 통해 막연한 이론이나 추상적인 구호가 아니라, 세일즈 현장의 실제 이야기를 하려고 한다. 세일즈는 실적을 만드는 일이고, 영업인은 실적을 만들어야 생존하는 사람이다. 영업인은 모름지기 머리로 이해하는 세일즈가 아니라, 몸으로 부딪쳐서 성과를 창출하는 세일즈를 해야 한다.

모쪼록 이 책을 읽는 독자들이 HST 세일즈 성공법칙을 저마다의 특성에 맞도록 구체화하고, 실전에 응용할 수 있기를 소망한다.

하석태

차례

LESSON 1 세일즈 Habit 만들기

LESSON 2 세일즈 Ship 만들기

LESSON
3

세일즈 Technique 만들기

세일즈 Market 만들기

세일즈 성공의 포인트

LESSON 6

딱! 100일만 미쳐라

'팔자 생존'의 시대, 세일즈가 답이다

세일즈 직업의 비전과 장점

적응하는 자가 생존하는 것이 아니라, 파는 자가 생존한다. '팔자 생존' 시대의 현명한 기업가들은 직원들의 세일즈 역량 개발에 사활을 걸어야 한다. 기업의 다른 역량들은 벤치마킹 할 수 있지만, 세일즈 역량만은 벤치마킹이 불가능하다. 이제는 업종을 불문하고 세일즈 없이는 성장도 없고, 생존도 없다.

젊은이들도 기존의 패러다임을 깨고 세상을 봐야 한다. 오직 최소한의 수입과 안정적인 자리를 위해 머리를 쥐어뜯으며 도서관에 틀어박혀 있는 청춘들에게는 미래가 없다. 시대를 탓하는 대신, 유능한 영업인이 되기 위해 공부하고 준비하는 젊은이가 미래의 주인공이 될 것이다.

반평생 동안 세일즈 현장에서 살아온 필자는 세일즈야말로 인생을 바꿀 수 있는 최고의 직업이라고 확신한다. 이 글을 쓰고 있는 나 자신이 그 증거다. 집안, 외모, 학력, 인맥 등 이른바 '배경' 면에서 어느 것 하나 내세울 게 없었지만 나는 오로지 세일즈를 통해 최고의 평가와 보상을 받았다. 이것이 성공하는 영업인들에게 주어지는 특전이다.

세일즈라는 직업의 비전과 장점에 대해 나는 다음과 같이 생각한다.

(1) 자기 주도적인 삶을 살 수 있다.

업종에 따라 차이는 있겠지만, 시간과 공간의 제약에서 비교적 자유로운 직업이 세일즈다. 아주 편하고 좋은 직장이라 해도, 한정된 공간에서 똑같은 일을 매일같이 되풀이하는 삶을 상상해보라. 나라면 제아무리 많은 돈을 벌어도 그런 일은 못할 것 같다.

반면에 영업인은 시간과 장소, 일의 양과 강도를 자기 스타일에 맞게 조절할 수 있다. 재량껏 자기계발의 시간을 가질 수도 있고, 상사의 지시나 틀에 박힌 매뉴얼에 따르지 않고 자기 방식대로 창의력을 발휘해 성과를 창출할 수도 있다. 또한 세일즈 시스템만 구축하면 이른바 '워라밸'(일과 삶의 밸런스)이 가능한 직업이 세일즈다.

(2) 해당 분야에서 최고의 전문가가 될 수 있다.

특정한 상품이나 서비스를 판매하기 위해서는 먼저 전문성을 갖추어야 한다. 예컨대 자동차 세일즈를 한다면 타사 자동차와 자사 자동차의 장단점은 물론이고, 자동차의 디자인과 엔진의 성능 비교, 그리고 생산부터 판매까지의 전반적인 메커니즘을 알아야 설득력 있는 판매를 할 수 있다. 유능한 영업인은 상품이나 서비스에 대한 폭넓은 지식과 이론뿐만 아니라 고객을 설득하는 능력까지 갖춘 사람이다. 그야말로 회사가 필요로 하는 인재다.

이것이 최근 대기업의 임원이나 CEO 중에 영업인 출신들이 지속적으로 많아지고 있는 이유다. 능력 있는 영업인이야말로 회사의 최고 자산이다.

(3) 세일즈 능력은 평생직업을 보장한다.

저성장과 무한경쟁의 시대에 기업의 핵심적인 경쟁력은 무엇일까? 한마디로 양질의 영업인들을 얼마나 많이 보유하고 있느냐다.

제품이나 서비스를 차별화하는 데는 한계가 있다. 획기적인 상품을 개발해 일시적인 차별화에 성공한다 해도 이내 경쟁사들이 유사 상품이나 새로운 서비스로 반격을 해올 것이기 때문이다. 결국 가장 중요한 핵심은 세일즈 역량이다. 따라서 기업의 오너 입장에서는 비슷한 조건에서 상품을 더 많이 판매할 수 있는 영업인이 있다면 무슨 수를 써서라도 모셔 오거나 붙잡아 두어야 한다.

세일즈 능력이 있는 한 정년 따위에 구애받을 필요가 없으며, 눈치를 봐가며 특정 회사에 억지로 남아 있을 이유도 없다. 세일즈 능력은 평생직장이 아니라 평생직업을 보장한다.

(4) 무한대의 경제적 성취를 이룰 수 있다.

노동은 한 사람이 열 사람의 몫을 할 수 없지만, 세일즈는 한 사람이 백 사람의 몫도 할 수 있다. 그래서 인생을 바꾸려면 세일즈에 도전해야 하는 것이다. 세일즈 능력만 갖춘다면 남들이 상상하지 못하는 무한대의 수입을 얻을 수 있다. 약간만 관심 있게 살펴보면 실제로 주변의 수많은 영업인들이 이 사실을 뚜렷이 증명하고 있다.

자기 주도적인 삶을 살 수 있고, 최고의 전문가가 될 수 있으며, 평생직업이 보장되고, 무한대의 돈을 벌 수 있는 직업이 세일즈다. 그러니 인생을 바꾸려면 업종 불문하고 우선 유능한 영업인이 되어야 한다.

인류 역사상 가장 위대한 영업인은 누구일까? 나는 예수가 첫째요, 석가모니가 둘째라고 생각한다. 두 분 모두 2천년 전에 활약을 했지만 아직도 수십억 명의 고객들을 확보하고 있기 때문이다. 지구상에서 현재의 고객들이 모두 사라져 버린다고 해도 이들이 열성적으로 새로운 고객들을 발굴, 육성하고 있으니 그 영향력은 후세에도 지속될 것이 확실하다.

그렇다면 예수와 석가모니는 인류에게 과연 무엇을 팔았기에, 고객들의 가슴속에서 영원히 살아 숨 쉬고 있는 것일까? 한마디로, 이들은 무언가를 '팔았기' 때문이 아니라 무언가를 '샀기' 때문이다. 다름 아니라 사람들의 '마음'이다. 그렇다. 세일즈는 물건을 '파는 일'이 아니라, 사람의 마음을 '사는 일'이다.

역으로, 사람의 마음을 사는 일에 관련된 모든 선택과 행위가 세일즈의 영역이다. 자식 교육도 세일즈이고, 연인에게 프러포즈를 하는 것도 세일즈다. 상대방의 마음을 얻으면 성공한 세일즈이고, 상대방의 마음을 얻지 못하면 실패한 세일즈다. 예수와 석가모니는 인류 전체를 대상으로 마음을 사기 위한 최대의 세일즈를 결행했으며, 결국 시대와 국경을 뛰어넘어 최고의 성공을 거두었다.

우리 모두는 각자의 분야에서 유능한 영업인이 되어야 한다.

그래서 시대 탓, 환경 탓 하지 말고 한 번뿐인 인생의 당당한 주인 공이 되어야 한다.

지금은 업종을 불문하고 세일즈의 시대다. 게다가 요즘의 세일즈는 예전의 세일즈와는 많이 달라졌다.

과거의 세일즈는 판매상품도 단순했고, 방문판매 위주였으며, 부탁을 빙자하여 상품을 강매하는 경우도 적지 않았다. 그 결과 아직도 많은 사람들이 '영업인'이라고 하면 '부담스럽고 귀찮고, 피하고 싶지만 그놈의 정 때문에 할 수 없이 도와주어야 하는 친구나 친인척' 정도의 부정적인 이미지를 가지고 있다.

또한 과거에는 고객들이 충분한 정보를 제시간에 얻기 어려웠기 때문에, 영업인들이 조금이라도 더 빨리 고객들을 만나 그들에게 정보를 전달하는 것이 중요했다. 그렇게 많은 고객을 만나 자기가 가진 정보를 상대적으로 더 빨리 제공하는 것이 세일즈의 성패를 좌우했다.

하지만 현재의 세일즈는 훨씬 복잡해지고 전문화되었다. 게다가 소비자들은 더 이상 정보 부족에 시달리는 피동적인 존재가 아니다. 모든 정보들은 손 안에 있는 스마트폰을 통해 빛의 속도로 전파되어 실시간으로 공개된다. 이 대목에서 새로운 영업인의 위상과 역할이 등장한다.

우선 영업인의 호칭이 '세일즈맨, 영업사원'에서 '컨설턴트, 어드바이저, 플래너, 카운슬러, 디자이너, 파트너' 등으로 다양해지고 차별화되었다. 호칭의 변화는 역할의 변화를 의미한다. 영업인의 역할이 단순히 판매를 유도하는 권유자에서 고객의 니즈^{needs}를 파악하고, 맞춤형 솔루션을 제공하는 전문가로 변화된 것이다.

하지만 명심하라! 아무리 시대가 변하고 호칭이 바뀌었더라도 세일즈는 세일즈이고, 세일즈맨은 세일즈맨이다. 단지 시대에 맞게 그 역할이 바뀌었을 뿐이다. 정확히 정의하면, '세일즈맨으로서' 어드바이저(컨설턴트, 플래너)의 역할을 하는 시대가 온 것이다.

고객이 먼저 다가와 도움을 요청하지 않는 한, 당신은 엄연한 세일즈맨임을 잊지 말아야 한다.

세일즈 '체질'은 따로 있나?

세일즈는 아무나 할 수 있을지 몰라도, 아무나 성공하지는 못한다. 많은 사람들이 세일즈의 세계에 뛰어들지만, 세일즈를 통해 장기적으로 성공하는 사람은 결국은 소수에 불과하다.

그렇다면 어떤 사람이 세일즈를 잘할까? 이른바 '세일즈 체질'은 따로 있을까?

세일즈의 성공은 자기 확신에서부터 시작된다. 자기 자신을 믿지 못하면 하나마나 백전백패다. 『손자병법』에 "이기는 군대는 이겨 놓고 싸우고, 지는 군대는 싸움부터 하고 승리를 찾는다."는 말이 있는데, 세일즈라는 전쟁터에 정확히 들어맞는 통찰이다.

당신은 스스로 최고의 영업인이 될 수 있다고 믿는가? 진심으로 믿는다면 일단 최고가 될 자격은 갖추었다.

하지만 실제 세일즈의 세계에 들어가면 잘하는 사람과 못하는 사람이 확실하게 구분된다. 똑같은 환경에서, 똑같은 교육을 받고 똑같은 시간 동안, 똑같은 상품을 파는데도 잘하는 사람은 항상 잘하고, 못하는 사람은 항상 못한다. 그렇다면 이런 사실은 어떻게 해석할 수 있을까?

이것은 세일즈 '체질'의 차이가 아니라, 세일즈 '요소'의 차이 때문이다. 잘하는 사람은 잘할 수밖에 없는 요소를 가지고 있고, 못하는 사람은 못할 수밖에 없는 요소를 가지고 있다. 다시 말하면, 누구든지 잘할 수 있는 '요소'를 자신의 것으로 만들면 최고의 영업인이 될 수 있다는 얘기다.

하지만 안타깝게도 대부분의 영업인들이 그런 노력은 하지 않으면서 무작정 잘되기만을 바란다. 그래서 결국 실패하는 거다. 나는 이 책을 통해 세일즈의 성공과 실패 요소가 무엇인지, 어떻게 해야 성공 요소를 자신의 것으로 만들 수 있는지 이야기해 볼 생각이다.

세일즈 과정은 제조 공정과 똑같다

나는 '세일즈에 체질은 없으며, 성공 의지만 있으면 누구든지 성공할 수 있다'고 확신한다. 내가 세일즈 현장에서 직접 발로 뛰면서 몸으로 보여주었고, 세일즈 매니저로 수많은 영업인들을 성장시키면서 이를 증명했다. 그리고 이제 나는 내가 가진 성공의 불씨를 더 많은 영업인들에게 나눠주는 일을 인생 후반전의 천직으로 정했다. 내가 실행하려는 세일즈 교육은 세일즈의 구체적인 '방법how'을 전수하는 것이다.

예를 들어 어느 '성공 강연회'에서 연사가 특강을 하고 있다고 상상해 보자. 연사는 가난과 난관을 극복하고 극적으로 성공한 자신의 스토리를 열정적으로 들려준다. 청중들은 가슴 뭉클한 전율을 느끼며 감동의 박수를 보낸다. 하지만 강연이 끝나면 그때부터 왠지 모를 공허감이 밀려든다. 방금 들었던 감동적인 스토리가 자기하고는 종자부터 다른 특별한 사람의 특별한 이야기로 느껴지기 때문이다. 그래서 강연장을 나오는 순간 교육 효과도 동시에 끝나 버린다.

자기계발서를 읽어봐도 하나같이 "꿈을 가져라.""목표를 세워라.""열정을 가져라." 등의 그럴듯한 추상적인 구호가 적혀 있다. 이런 막연한 구호는 세일즈 현장에서는 통하지 않는다. 몸으로 부딪쳐서 성과를 만들어야 하는 세일즈에는 구체적이고, 실행

가능한 방법^{how}이 있어야 한다. 구체적으로 어떤 고객을 만나, 어떻게 분위기를 연출하고, 어떤 자료를 사용하고, 어떤 화법을 구사하고, 최종적으로 어떤 제안을 해서, 어떻게 성과를 만들어야 하는지를 알려주는 교육이 제대로 된 세일즈 교육이다.

세일즈 실적을 만드는 과정은 제품을 생산하는 제조 공정과 똑같다. 일정량의 재료가 투입되면 제조 공정을 거쳐 그 투입량에 비례해서 완제품이 생산되듯이, 세일즈도 그렇게 실적이 생산된다. 성공할 수도 있고 실패할 수도 있는 공정이 아니라, 반드시 성공하는 공정이다. 그래서 제조 공정이라는 것이고, 반드시 성과가 나기 때문에 공식이자 법칙이라고 이름 붙인 것이다.

나는 지난 25년 동안 이 세일즈 공정을 연구했고, 수많은 실전 경험과 검증을 거쳐 법칙으로 만들었다. 내가 이 책을 통해 전하려는 핵심 내용은 바로 이 'HST 세일즈 성공법칙'이다.

세일즈 성공의 3요소,
HST

세일즈 제조 공정에 투입되는 재료는 Habit, Ship, Tech-nique, 이 세 가지다. 그래서 내가 만든 '세일즈 성공법칙'에 이들 세 가지 요소의 머리글자를 떼어내 'HST 세일즈 성공법칙'이라는 이름을 붙였다.

앞에서 세일즈에 '체질'은 없으며 남다른 '요소'가 있다는 얘기를 했는데, 이 세 가지가 바로 세일즈의 핵심요소다.

세일즈에 성공하기 위해서는 이 3요소가 반드시 필요하고, 이 재료들이 투입되면 세일즈 공정을 거쳐 정확하게 실적이 만들어진다. 이것이 내가 확신하는 세일즈 성공법칙이다.

이 3요소의 구체적이고 상세한 내용은 차차 설명하기로 하고, 우선 세일즈 성공 3요소의 개념부터 정리해 보자.

① **Habit**(Activity)

좋은 '활동 습관'을 만들어야 한다. 온갖 경제행위를 하는 사람들은 일정량의 노동을 의무적으로 하고, 그 대가로 경제적 보상을 받는다. 세일즈도 마찬가지다. 스스로 의무 활동량을 정하고, 힘들어도 습관이 될 때까지 지속적으로 이를 실천해야 한다. 집을 짓는 벽돌공이 매일 일정량의 벽돌을 쌓아야 하듯이, 영업인도 매일 해야 할 일의 종류와 양을 설정하고, 이를 '습관'이 될 때까지 지속적으로 '실행'해야 한다.

무엇보다 일시적인 성공과 실패에 연연하지 않고, 꾸준하게 표준 활동을 하는 것이 중요하다. 시시때때로 찾아오는 감정의 변화에 따라 활동을 지속하지 못한다면 Habit은 끝내 길러지지 않는다. 그리고 이것은 세 가지 요소 가운데 하나의 부재不在가 아니라, 모든 성공 요소의 부재를 의미한다. 아무리 멋진 창문을 만들고 안전한 지붕을 지을 재주가 있어도, 벽돌공이 벽돌을 쌓지 않으면 집은 절대로 완성되지 않는다.

성공하는 사람은 실패하는 사람들이 습관적으로 하지 않는 일을 습관적으로 하는 사람이다.

영업인으로서 가져야 할 중요한 마음가짐이 있다. 스포츠맨에게 스포츠맨십이 필요하고 리더에게 리더십이 필요하듯이, 세일즈맨은 '세일즈맨십'을 가져야 한다. 영업인으로서 어떤 마인드mind로 일하고, 어떤 멘탈mental을 가지느냐가 성공의 또 다른 핵심 요소다.

세일즈맨십을 한마디로 정의하면 '당당함'이다. 영업인은 자신이 하는 일, 자신이 판매하는 상품, 더 나아가 자기 자신에 대해 당당해야 한다.

주위에서 성공한 사람들, 세일즈를 잘하는 사람들을 가만히 살펴보라. 이들의 절대적인 공통점은 언제 어디서나 항상 당당하다는 것이다. 이 거부할 수 없는 '당당함'은 어디에서 나올까? 바로 '자기 확신'에서 나온다. 내면적인 자기 확신이 외면적인 당당함으로 표출되는 것이다.

그렇다면 '자기 확신'은 어떻게 만들어질까? 자기 확신은 '자기 노력'에 의해 만들어질 수 있다. 어떤 노력을 해야 확신을 가질 수 있을까? 양서도 읽고, 좋은 강연도 듣고, 성공한 사람이나 긍정적인 사람과 교류하고, 운동도 하고, 명상도 하고, 종교생활도 하면서 항상 절대긍정의 에너지를 스스로 충전하는 노력을 해야 한다.

③ **Technique**(Knowledge, Skill)

물고기를 잡는다며 낚싯대를 들고 산에 오르는 사람이 있다. 그러고는 열심히 노력했는데도 성과가 없다고 한탄한다.

물고기를 잡기 위해서는 산이 아니라 바다로 가야 한다. 그런 후 물고기가 노는 포인트를 잘 찾아서 자리를 잡고, 적합한 낚싯대를 사용하고, 물고기가 좋아하는 미끼를 끼워서, 입질을 하면 요령껏 낚아채야 한다. 이 모든 것들이 합쳐져야 물고기를 잡을 수 있다.

세일즈도 마찬가지다. 성과를 만들기 위해서는 요령껏 활동을 해야 한다. 먼저 전문적인 지식knowledge을 쌓아야 하고, 그 지식은 기술skill로 표현되어야 한다.

전문가로서의 다양한 지식을 습득하고, 이 지식을 융합하여 활용할 수 있어야 한다. 많이 아는 것과 남을 설득하는 것은 근본적으로 다른 문제다. 습득한 지식을 바탕으로 고객을 응대할 수 있는 자료와 화법을 만들고, 이를 숙달해서 자신의 것으로 체화시켜야 한다.

세일즈는 막연한 열정과 노력만으로 성과를 만들 수 있는 일이 아니다. 고객의 공감을 이끌어 낼 수 있는 지식과 기술을 끊임없이 연마해야 한다. 그리고 그 지식과 기술을 결합시켜 고객의 마음의 문을 여는 Key를 만들어야 한다.

세일즈 성공의 3요소는 Habit, Ship, Technique이다. 나는 이 책을 통해 이 3요소의 구체적인 내용을 소개하고, 이 세 가지 재료가 세일즈 공정에 투입되어 실적이 만들어지는 과정을 하나씩 풀어나갈 생각이다. 독자들에게 새로운 성공의 문이 열리길 기대한다.

LESSON
1

세일즈
Habit 만들기

성공하는 영업인의
일일활동 습관

세일즈는 도전이지 도박이 아니다. 영업인은 운이나 체질을 믿어서는 안 된다. 세일즈가 제조 공정과 같다는 원리를 명심하고, 먼저 좋은 활동습관부터 길러야 한다.

우선, 영업인의 하루 일과와 관련된 기본 원칙부터 점검해보자.

하루를 시작하는 3가지 원칙을 세워라

(1) 만날 고객이 정해져 있어야 한다.

영업인의 직장은 사무실이 아니라, 고객이 있는 바로 그곳이다. 사무실은 에너지를 충전하는 주유소와 같은 장소다. 영업인은 매일 고객이 있는 필드에서 표준적인 활동을 해야 한다. 본인 스스로 의무 활동량을 정해 놓고, 감정의 동요 없이 꾸준히 이를 실행해 나가야 한다.

(2) 명확한 목적이 있어야 한다.

고객을 만나는 목적은 다양하다. 먼저, 무엇을 위한 만남인지를 명확히 해야 한다. 탐색, 정보 수집, 프레젠테이션, 계약 체결, 소개 확보 등 고객과의 상담은 분명한 목적을 가지고 자신이 정한 페이스대로 진행해야 한다.

(3) 목적에 맞는 자료와 화법이 있어야 한다.

자료는 내가 밤을 새우며 고민해서 만든 것이라야 거기에 기氣가 실린다. 화법은 내가 거울 앞에서 수십 번 연습하며 감정을 실은 것이라야 거기에 기가 실린다. 이 기운이 고객의 마음을 움직인다. 상담 목적에 맞추어 자신만의 자료와 화법을 준비해야 한다.

영업인이 이 3가지 원칙을 챙기지 않고 하루의 업무를 시작하는 것은 식당 주인이 식재료를 준비하지 않고 가게 문을 여는 것과 다를 바 없다. 영업인으로서 성공의 출발선에 설 자격조차 없다.

P → D → C 사이클을 D → C → P 사이클로 바꿔라

P → D → C(Plan → Do → Check, 계획 → 실행 → 점검) 사이클은 소위 표준활동 관리 시스템이다. 세일즈를 처음 시작하면 누구나 이 P → D → C 사이클부터 배운다.

이에 따르면 영업인의 활동은 계획Plan을 잡는 것으로 시작해서, 그것을 실행Do한 후, 활동을 점검Check하는 것으로 하루 일과를 마무리한다는 것이다. 하지만 내가 생각할 때 이 사이클은 수동적인 세일즈 활동법이다.

P → D → C를 D → C → P(Do → Check → Plan, 실행 → 점검 → 계획)로 바꾸어야 한다. 시곗바늘을 앞으로 돌려놓듯이, 활동 사이클을 한 클릭 앞으로 당겨야 한다. 아침에 눈을 뜨면 'Do'로 하루 업무를 시작하고, 활동을 마친 후에는 하루 일과를 'Check'하고, 내일 고객과의 면담 약속과 준비를 'Plan'한 후 하루 업무를 마쳐야 한다.

모든 영업인에게 가장 공평하게 주어진 것이 하루 24시간이다. 이 시간을 어떻게 활용하느냐는 각자의 몫이다.

활동 사이클을 한 클릭 앞으로 당기면, 활동의 양과 질이 달라진다. 시간과 사람에 끌려가지 않고, 능동적·주도적으로 활동을 할 수 있다. 이것이 프로 영업인의 활동 방식이다.

일일 행동 강령을 설정하라

필드에서 영업인으로 활동하던 시절, 나는 스스로 일일 행동 강령 10계명을 정해 놓고, 날마다 이를 실천하려고 노력했다.

내가 스스로 정한 10계명 가운데 첫 번째 계명은 '330'이었다. 하루에 3사람의 고객을 만나 30분은 대화를 나눈다는 원칙이다. 실적은 내 마음대로 만들지 못하지만, 330은 마음만 먹으면 충분히 해낼 수 있다. 모든 세일즈는 가슴과 가슴의 만남에서 시작된다. 만나서 소통하다 보면 친해지게 되고, 친해지면 자연스럽게 세일즈로 진전되는 법이다.

두 번째 계명은 '1클로징closing'이었다. 하루에 한 사람에게는 반드시 "사십시오!"라고 말하는 것이다. 매일 클로징을 하는 습관을 들이지 않으면, 세일즈 활동이 소극적·수동적으로 바뀐다. 세일즈는 실적을 만드는 일이고, 실적을 만드는 전제가 바로 클로징이다. 클로징 없이는 실적도 없다.

세 번째 계명은 '10콜call'이었다. 하루에 10명에게 내가 먼저 전화를 거는 거다. 이동 중이나 자투리 시간이 생겼을 때, 수시로 고객에게 전화나 문자를 하면 된다. 전화 걸기도 습관이다. 어느 구름에 비 올지 모르는 법이다.

좋은 습관이 좋은 실적을 만든다. 스스로 일일 행동 강령을 정해 놓고, 꾸준히 이를 실천해야 한다. 실천이 습관이 되고 습관이 일상이 되면, 실적은 저절로 따라오는 것이다.

Sit Plan Day를 정하라

모든 세일즈는 '전화 걸기Telephone Approach, TA'로부터 시작된다. 하지만 영업인들이 가장 꺼리는 것이 세일즈의 첫 단추인 바로 이 TA다. 왜냐하면 거절이 예상되기 때문이다.

이를 방지하기 위한 비책이 하나 있다. TA를 일과 속에 시스템으로 만들어서 기계적으로 실행하는 것이다. 하기 싫다는 생각 자체나, 다른 일로 바빠서 건너뛴다는 핑계를 댈 수 없도록 시스템화 하는 것이다. 이때 필요한 요령을 몇 가지로 요약하면 다음과 같다.

첫째, TA를 하는 요일과 시간을 정해야 한다. 예를 들어 매주 화요일과 금요일, 오전 10시 또는 오후 3시라고 정해 둔다. 이 날을 '자리에 앉아서 고객과의 면담 약속을 잡는 날'이라는 의미로 'Sit Plan Day'라고 부른다.

둘째, TA 시트를 만들어 놓고, 칸을 다 채울 때까지 지속적으로 전화해야 한다. 한 시트에는 20명의 전화할 고객 명단과 참고 사항을 적어둔다.

셋째, 조용한 장소에서 헤드셋이나 이어폰을 착용하고, 정형화된 스크립트를 보면서 기계적으로 통화한다.

넷째, 일정표에 계획한 일정을 다 채울 때까지 자리에서 일어나지 말고 50분 통화, 10분 휴식을 반복한다.

다섯째, 통화 연결이 안 되는 고객에게는 1시간쯤 경과 후 일괄적으로 문자를 보낸다.

여섯째, TA를 재미있는 놀이라 생각하고, 거절을 즐기려는 마음 자세를 가진다.

Sit Plan을 통한 TA 시스템 구축은 세일즈의 원재료를 생성하는 공정이다.

하루를 긍정으로 끝내라

하루 일과를 긍정으로 마무리하는 습관이 모여 성공 습관이 형성된다. 하루를 긍정으로 끝낼 수 있는 방법은 다음과 같다.

첫째, 고객과의 면담은 좋은 분위기로 끝내라. 상담 중에 고객과 다소 어색한 분위기가 연출되어도 헤어질 때는 의도적으로 좋은 분위기를 만들어라. 헤어지기 직전의 분위기가 고객의 뇌리에 최종 기억으로 저장되는 법이다.

둘째, TA의 마무리는 면담 약속을 잡고 끝내라. Sit Plan을 통해 콜드콜cold call을 할 때도 마지막 콜은 반드시 면담 약속을 잡고 끝내야 한다. 마지막 콜을 거절로 끝내느냐, 긍정으로 끝내느냐는 TA의 마무리뿐만 아니라 이어지는 세일즈 활동에도 지대한 영향을 미친다.

셋째, 세일즈 활동을 즐거운 마음으로 끝내라. 만일 진상 고객을 만나 속상한 일이 있었다면, 마지막에는 충성고객을 만나 즐거운 마음으로 활동을 마무리하라. 만날 시간이 없다면 전화를 통해서라도 기분 좋은 대화를 나눈 후 세일즈 활동을 마쳐라. 이왕이면 하루의 활동을 계약으로 끝내면 더욱 좋다. 영업인에게 계약은 몸과 마음에 가장 좋은 보약과 같은 것이다.

넷째, 하루 일과를 긍정의 마음으로 끝내라. 하루 일과를 마치고 잠자리에 들 때도 긍정의 좋은 기분을 가져야 한다. 이 긍정의 에너지는 렘REM수면 상태에서 생각 공장에 좋은 영향을 미쳐 잠재의식을 긍정 모드로 바꾸는 탁월한 효과가 있다.

영업인은 하루 업무를 긍정으로 끝내는 습관을 들여야 한다. 이것이 성공 습관을 만드는 일이다.

실질활동 시간을 늘려라

대부분의 영업인들은 스스로 열심히 산다고 착각하는 경향이 있다. 아침 일찍 출근해서 회의도 하고, 제안서도 만들고, 저녁 늦은 시간까지 동료들과 토의도 하고, 공부도 한다. 그러면서 스스로 열심히 일하고 있다고 믿는다. 그러나 이것은 스스로의 위안일 뿐이다.

영업인의 일터는 고객이 있는 필드임을 명심해야 한다. 필드에서 일하는 시간, 만나는 고객 수를 최대한 늘려야 한다.

미국의 컨설팅 회사인 양키그룹의 조사에 따르면, 영업인들이 업무시간 중에 실질적으로 세일즈 활동을 하는 시간은 24% 정도라고 한다. 바꾸어 이야기하면, 일과 중 대부분의 시간인 76%는 활동을 위한 준비 시간이거나 자투리 시간이라는 것이다.

실질적인 세일즈 활동이란 고객과 직접 접촉하는 활동을 말한다. 전화 통화, 대면 상담, 프레젠테이션, 세미나 등의 활동이 여기에 포함된다. 실질활동량을 최대한 늘려야 한다. 세일즈 공정에 투입되는 재료가 적으면 당연히 실적이 적을 수밖에 없다.

당신은 하루에 몇 명의 고객과 업무적인 통화를 하는가? 몇 곳의 거래처를 방문하고, 상담은 몇 건이나 하는가?

강조하지만, 세일즈 과정은 제조 공정과 똑같다. 인풋이 많으면 아웃풋이 많아지듯이, 실질활동량이 많으면 실적도 당연히 많아지는 거다.

어떤 후배가 세일즈에 입문하면서 비장한 각오로 이렇게 말했다.

"아내에게는 1년간 군대 갔다 생각하라 했습니다. 1년간 목숨 걸고 세일즈 활동을 해볼 작정입니다."

심지어 어떤 여성 영업인에게는 이런 말을 들은 적도 있다.

"남편에게 1년간은 가정을 포기하겠다고 말했습니다. 이제 정말 일에만 전념해서 꼭 성공하고 싶습니다."

그 비장한 마음은 이해하지만, 세일즈를 하면서 왜 군대에 가야 하고, 가정을 포기해야 하는가? 솔직히 나는 이렇게 다짐하는 사람치고 일을 잘하는 사람을 본 적이 없다.

가정에 충실하면서 주어진 시간만큼만 일하면 된다. 단, 집중해서 전념해야 한다.

나는 세일즈라는 직업이 다른 어떤 업종보다 훨씬 부가가치가 높은 일이라 확신한다. 더도 말고 덜도 말고 타 업종의 사람들이 각자의 직장에서 일하는 시간만큼만 시간을 투자하라. 늦게까지 술 마시고, 공휴일도 못 쉬고, 과로에 시달리고, 엄청난 스트레스를 받아야 할 이유가 없다. 정해진 업무시간 중에서 자투리 시간을 최대한 줄이고, 실질적인 세일즈 활동에 집중하면 누구든 성공할 수 있다.

세일즈는 하늘의 별을 따오는 일이 아니다. 누구든지 마음만 먹으면 충분히 할 수 있는 일이다. 스스로 일일 활동의 원칙을 정해 놓고, 이를 감정의 동요 없이 실천하면 된다. 꾸준히 실천하면 습관이 되는 거다.

성공 세일즈를 위한
5가지 습관

사람의 뇌는 본래 부정적인 성향이 더 강하고, 사람의 본성은 원래 게으르다. 따라서 의식적으로 좋은 습관을 만들지 않으면, 무의식적으로 나쁜 습관이 만들어진다.

업종에 따라 차이는 있겠지만, 필드 영업을 하는 영업인들은 반드시 다음의 5가지 습관habit을 가져야 한다.

① Prospecting Habit

상품 구입을 원치 않는 사람에게 상품을 권유하는 습관을 의식적으로 만들지 않으면, 상품 구입을 자원하는 사람을 찾아다니는 습관이 무의식적으로 만들어진다.

영업인이 파는 상품을 사겠다고 자원하는 사람이 많을까, 아니면 필요 없다고 거절하는 사람이 많을까? 당연히 거절하거나 미루는 사람이 많을 것이다. 고객이 자발적인 니즈를 가지고 구매를 자원하는 세상에서는 세일즈라는 직업 자체가 생기지도 않았을 것이다. 세일즈는 고객 마음속 깊은 곳의 잠재적인 니즈를 끄집어내어 해결책을 제시하고 구매로 연결시키는 행위다.

일전에 어떤 보험 영업인이 전화로 지인에게 소개 요청을 하는 걸 우연히 들은 적이 있다. "요즘 실적이 없어서 너무 힘들어. 혹시 주위에 보험 가입할 사람 있으면 나한테 소개 좀 시켜주라. 꼭 좀 부탁한다." 참으로 답답한 사람이라는 생각을 금할 수 없었다. 주위에 보험 가입을 자원하는 사람이 과연 얼마나 있을까? 이것이 Prospecting(가망고객 발굴)을 못하는 이유다.

세일즈 매니저가 Recruiting(증원)을 하는 것도 마찬가지다. 세일즈 매니저들이 리크루트를 하기 위해 지인들에게 이렇게 말한다. "조직을 증원해야 하는데, 마땅한 사람이 없어. 혹시 주위에 세일즈 할 사람 있으면 꼭 좀 소개해 주라."

가만히 생각해 보라. 세일즈를 자원하는 사람이 주위에 얼마나 있을까? 이것 또한 리크루팅을 하지 못하는 이유다. 기본적인 자질은 좋으나 세일즈를 꺼리는 사람을 만나 비전을 제시하고, 마음속에 내재되어 있는 성공 니즈를 환기시켜야 좋은 인재를 리크루트 할 수 있는 것이다.

Prospecting Habit은 업종을 불문하고 모든 세일즈의 기본이다.

② Meeting Habit

구매 능력은 있지만 상품 설명에 귀 기울이지 않는 사람을 만나는 습관을 의식적으로 만들지 않으면, 상품 설명에 귀 기울이지만 구매 능력은 없는 사람을 만나는 습관이 무의식적으로 만들어진다.

세일즈를 잘하기 위해서는 먼저 구매 대상이 되는 '가망고객'을 발굴해야 한다. 가망고객이란 기본적으로 다음의 4가지 조건을 갖춘 사람을 말한다.

첫째, 만날 수 있어야 한다approachability.
둘째, 상품에 대한 필요성을 느껴야 한다need.
셋째, 지불 능력이 있어야 한다ability to pay.
넷째, 구매 자격을 갖추어야 한다acceptable.

4가지 조건 중 가장 중요한 한 가지는 무엇이라 생각하는가? 정답은 '지불 능력'이다. 뒷장의 가망고객 발굴 방법에서 자세히 설명하겠지만, 4가지 중 지불 능력만은 영업인이 절대 해결할 수 없는 조건이다. 그래서 뭐니 뭐니 해도 머니^{money}가 중요한 것이다. 지불 능력만 있다면 영업인에게 나머지 3가지 조건은 단지 극복의 대상일 뿐이다.

나는 세일즈 활동을 한마디로 요약해 '흐르는 돈을 잡으러 가는 일'이라 정의한다. 경제력이 있는 가망고객을 만나는 일이 효율적인 세일즈 활동의 시작이다.

③ Selling Habit

상품을 구입해야 하는 이유를 납득시키고 신뢰하는 습관을 의식적으로 만들지 않으면, 상품을 구입하지 못하는 이유를 들어주고 이해하는 습관이 무의식적으로 만들어진다.

고객을 설득하러 가서 고객에게 설득당하고 오는 영업인들이 의외로 많다. 영업인은 판매는 못하더라도 상담만은 승자의 마음으로 끝내야 한다. 그러기 위해서는 먼저 자신만의 확고한 논리를 가져야 한다.

'물이 반이나 남았다! 반밖에 안 남았다!' 무엇이 맞는 말인가? 똑같은 말이다. 영업인의 논리가 강하면 고객의 논리를 이길 수 있는 법이다.

가망고객이 "경제적으로 어려워서 지금은 구입할 수 없습니다."라고 말하면, "경제적으로 어려우니 지금부터 준비를 해야 합니다."라고 말할 수 있어야 한다. 가망고객이 "시간을 두고 좀 더 생각해 보겠습니다."라고 말하면 "머뭇거리기보다 지금 당장 선택하는 것이 현명한 결정입니다."라고 논리적인 근거와 함께 말해야 한다.

영업인은 판매는 못해도 논리의 싸움에서는 반드시 이겨야 한다. 세일즈의 세계에서는 정신이 무너지면 모든 것이 무너지기 때문이다.

④ Working Habit

의무 활동량을 정해 놓고 표준적으로 활동하는 습관을 의식적으로 만들지 않으면, 감정의 변화에 따라 불규칙적으로 활동하는 습관이 무의식적으로 만들어진다.

갖가지 경제 행위를 하는 사람들은 일정량의 노동을 하고, 그 대가로 경제적인 보상을 받는다. 회사원이든, 자영업자든, 예술인이든, 프리랜서이든 다 마찬가지다. 그 일이 육체노동이든, 정신노동이든 간에 의무적으로 일정량의 노동을 해야 경제적인 보상을 받을 수 있다.

세일즈도 똑같은 개념으로 생각해야 한다. 영업인의 직장은 고객이 있는 현장이다. 그리고 영업인의 실질활동은 고객을 만나는 일이다.

나는 필드 영업을 할 때, 앞서 소개한 330을 일일 활동 철칙으로 삼았다. 하루에 최소한 세 사람의 고객을 만나서 30분은 소통을 하겠다는 원칙이다. 이 원칙을 일관되게 실천함으로써 남들보다 훨씬 뛰어난 실적을 올릴 수 있었다.

스스로 의무 활동량을 정해 놓고, 타협 없이 이를 지속적으로 실천해야 한다. 세일즈는 사냥이 아니라 농사다.

⑤ Closing Habit

삼세판에 판매를 종료한다는 마음으로 강하게 클로징을 하는 습관을 의식적으로 만들지 않으면, 일은 열심히 하지만 실적은 올리지 못하는 무기력한 활동습관이 무의식적으로 만들어진다.

열심히 활동은 하지만 실적이 없는 영업인들의 문제점은 대부분 잘못된 클로징 습관에 있다.

어느 우수 영업인 시상식에서 이런 성공 사례담을 들은 적이 있다.

"저는 이 고객님의 마음을 얻기 위해서 3년 동안 60번 이상을 꾸준히 방문해서 드디어 이번 계약을 성사시켰습니다!"

청중들은 우레와 같은 박수를 보냈지만, 나는 마음속으로 이건 성공 사례가 아니라는 생각을 금할 수 없었다. 이것은 명백한 실패 사례다. 후하게 점수를 쳐주더라도 천만다행 사례다. 만일 3년 동안 60번을 방문해서 끝내 판매를 못했더라면, 그 많은 시간과 노력은 어디에서 보상받을 것인가? 그나마 계약을 했다니 천만다행이다.

만일 이 영업인이 삼세판에 판매를 종결한다는 마음으로 강하게 클로징을 했다면 최소한 20명 이상의 신규고객을 만날 수 있었고, 장담하건대 성과도 훨씬 좋았을 것이다. 세 번 만에 상담을 끝낸다는 각오로 가망고객을 만나면, 고객을 대하는 마음의 자세와 행동이 달라진다. 더욱 세심하게 면담에 집중하고, 더 완벽한 해결안을 제시하며, 더 강하게 클로징을 하게 될 것이다.

아무리 유능한 영업인이라도 만나는 모든 고객에게 상품을 팔 수는 없다. 세일즈에서의 진정한 용기는 포기할 줄 아는 것이다.

의식적으로 좋은 습관을 만들지 않으면, 무의식적으로 나쁜 습관이 만들어진다. 성공하는 영업인은 실패하는 영업인이 습관적으로 하지 않는 일을 습관적으로 하는 사람이다.

먼저 실행한 후에
방법을 찾아라

지금 이 시간에도 다양한 업종에서 수많은 영업인들이 세일즈를 잘하기 위해 고민을 하고 있을 것이다. 아마 당신이 이 책을 펼친 이유도 세일즈를 잘하고 싶은 절박한 심정 때문이라 짐작한다. 세일즈, 어떻게 하면 잘할 수 있을까?

남에게 묻기 전에 먼저 자신에게 물어야 한다. How(방법)보다는 Why(왜)가 먼저다.

당신은 왜 세일즈를 직업으로 선택했나? 경제적인 성취를 하고 싶은가? 당신뿐만 아니라 세상 모든 사람들은 경제적인 성취를 하고 싶어 한다. 당신은 무엇을 위해 얼마나 절실히 돈을 벌고 싶은가?

남에게 How를 묻기 전에, 먼저 자신에게 Why를 물어라. 내가 왜 세일즈를 하는지, 세일즈를 통해 무엇을 이루고 싶은지 진지하게 답을 찾아야 한다. 이렇게 Why에 대한 답을 스스로 찾았다면 목표가 정해진 것이다.

목표가 정해졌다면 먼저 실행을 하고, 그 속에서 방법을 찾아야 한다. 선 Action(행동) 후 How(방법)다. 세일즈는 실행 속에서 방법을 찾아야지, 방법을 찾은 후 실행하는 일이 아니다. 왜냐하면 세일즈의 세계에서는 누구에게나 똑같이 적용되는 방법은 없기 때문이다.

"우찌하모 잘되노?"

"우찌하모 잘되노?"는 내 첫 번째 책의 제목이다.

2005년, I사에서 영남지역 영업조직을 총괄하던 임원 시절이었다. 부산 상공회의소 대강당에서 세일즈 스쿨 강연을 하던 어느 날, 강의를 마친 후 질문이 없는지 묻자 한 영업인이 손을 번쩍 들고 "우찌하모 영업이 잘됩니까?" 하고 물었다. 3시간의 세일즈 방법론 강의 후 듣는 질문치고는 너무나 황당했다. 장내는 일순간 썰렁해졌고, 어색한 침묵의 시간이 흘렀다.

나는 잠시 마음을 정리한 후, 그의 눈을 똑바로 쳐다보고 힘주어 말했다.

"세일즈를 못하는 사람은 많이 배우려고 하고, 세일즈를 잘하는 사람은 많이 부딪치려 합니다. 세일즈는 이해가 아니라 실천입니다. 오늘 제 강의에서 들은 내용을 실천하세요. 지금 당장!"

그때 그 질문이 너무나 인상적이어서 책 제목으로 정했다. 그이후에도 비슷한 질문을 정말 많이 들었다. 어찌하면 성공하는지, 어찌하면 세일즈를 잘하는지, 어찌하면 리크루트를 잘하는지 등등.

세일즈를 못하는 사람들은 세일즈를 잘하는 사람들이 엄청난 노하우를 가지고 있다고 착각하지만, 가장 큰 차이는 실패를 두려워하지 않고 시도한다는 것이다. 일단 시도하다 보면 그 속에서 방법을 터득하게 되고, 노하우도 생기는 법이다.

치열한 세일즈의 세계에 속해 있으면서도 마음만 있지 실행하지 않는 사람들이 의외로 많다. 이들이 적극적으로 실행하지 않는 이유는 두 가지다.

첫째, 아직 실력이 부족하다고 생각하기 때문이다. 아직 준비가 덜 되었다고 생각하고 열심히 공부만 한다. 이들은 항상 칼만 갈면서 세월을 보낸다.

둘째, 실수에 대한 두려움 때문이다. 실수에 대한 마음속의 두려움이 커서 도전하지 않는 것이다.

세일즈의 진정한 실력은 책상머리에 앉아서는 절대로 만들 수 없다. 세일즈 실전에서 실수를 통해 만들어지는 것이다. 실수를 받아들이는 마음을 바꿔야 한다. 실수는 하나의 사건이지 실패가

아니다. 실수는 하나의 경험이며, 경험의 누적이 노하우다. 실수 때문에 포기하면 그것이 바로 실패다.

세일즈는 몰라서 못하는 일이 아니라, 안 해서 못하는 일이다.

까말까 병

할까 말까 망설이는 병이다. 까말까 병에 걸린 영업인들이 의외로 많다. 전화를 할까 말까, 방문을 할까 말까, 상품 권유를 할까 말까 망설이다가 마음에 병이 걸린 것이다.

망설이는 이유는 상대방의 입장을 의식해서이다. 상대방을 너무 많이 의식하면 소신 있게 실행을 하지 못한다. 망설이다가 고백하지 못한 사랑이 평생 아쉬운 추억으로 남듯이, 망설이다가 시도하지 못한 세일즈는 영업인의 가슴에 영원히 상처로 남는다.

할까 말까 고민하다가 결국 시도조차 못하면 판매 확률은 0이지만, 일단 시도하면 확률은 가부간에 둘 중 하나다. 당연히 확률이 높은 실행을 해야 하지 않겠나? 먼저 실행을 해야 습관이 만들어진다.

할까 말까 망설여질 때는 그냥 하고, 갈까 말까 망설여질 때는 그냥 가는 거다!

세일즈? 그냥 하라!

"세일즈를 어떻게 해야 합니까?" 하고 추상적으로 질문하는 영업인들에게 나는 항상 이렇게 대답한다.

"세일즈? 그냥 해라! 생각하지 말고, 그냥 해라!"

가만히 생각해 보면 우리는 일상생활에서 '그냥' 하는 일이 많다. 회사에 출근할 때, 동료들과 차 마실 때, 친구에게 전화 걸 때 고민 안 하고 그냥 한다. 그렇듯이 세일즈도 그렇게 그냥 하면 된다.

MBC 라디오 〈싱글벙글 쇼〉의 진행자 강석 씨는 35년 동안 매일 라디오 생방송을 진행 중인 기네스 보유자다. 내가 그에게 "형님, 개인적인 일이 있을 수도 있고, 술도 엄청 좋아하시는데, 어떻게 35년 동안 하루도 안 빠지고 방송을 하실 수 있어요?" 하고 질문하면 그는 항상 "어떻게 하기는? 그냥 하는 거지!"라고 답한다. 안 힘들어서 그런 것이 아니다. 그냥 하는 거다. 말이 생방송 35년이지, 왜 안 힘들겠나? 힘들어도 해야 하니까, 무조건 그냥 하는 거다.

나도 유튜브 채널 〈하석태 TV〉를 4년 동안 매일 아침 8시에 방송하고 있다. 생방송은 아니지만 매번 새로운 시나리오를 만들고 장소를 옮겨 다니면서 촬영을 하는 게 여간 힘든 일이 아니다. 그래도 하기로 했고 해야 하니까, 그냥 한다.

내가 세일즈를 통해 성공한 것도 그렇다. 하루에 3명의 고객은 무조건 만나겠다고 다짐하고, 힘들어도 그냥 했다. 어떤 일이 있어도 해야 한다고 생각하고, 그냥 했다. 이 단순한 행위가 나를 최고의 영업인으로 만들었다.

세일즈는 힘들어도 습관이 될 때까지 그냥 하는 거다.

세일즈 달인은
실행의 달인이다

세일즈 달인의 성공 비결

〈하석태 TV〉의 '세일즈 달인을 만나다' 코너에서 대한민국 보험업계의 전설 김경미 씨를 인터뷰한 적이 있다. 김경미 씨는 모 생명보험회사에 입사한 후부터 현재까지 21년째 '한 주에 3건 이상의 계약 체결'3W을 지속하고 있는, 대한민국 보험업계의 독보적인 기네스 보유자다.

〈하석태 TV〉 촬영 전, 우리 직원들은 김경미 씨에게 큰 기대를 품었다. 세일즈 달인답게 엄청난 노하우를 쏟아낼 것이니 최소한 10회 분량 이상의 방대한 대담을 예상했던 것이다. 하지만 결과는 의외였다.

"세일즈를 잘하는 특별한 노하우는 무엇입니까?"

"특별한 노하우는 없어요. 그냥 재미있게 해요."

"3W 연속 진행이 힘들지 않습니까?"

"하루에 밥도 세 끼 먹잖아요? 습관이 되면 괜찮아요."

"영업을 하면서 언제 가장 힘들었습니까?"

"별로 힘들 때가 없어서 잘 모르겠어요."

그녀는 모든 질문에 거의 단답형으로 대답했고, 촬영을 하던 직원들은 어쩔 줄 몰라 하며 당황했다. 사실 나는 애초에 이런 장면을 예상했기에, 속으로 자꾸만 웃음이 났다. 촬영은 겨우 5회 분량으로 끝났다. 그나마도 내가 억지로 답변을 유도하는 질문을 던졌기에 가능한 일이었다.

'세일즈 달인을 만나다' 방송이 나가자 안티성 댓글이 달리기 시작했다. '하루에 밥 세 끼 먹듯이 그냥 3W를 한다고?' '세일즈를 하면서 힘든 적이 없었다고? 아무리 세일즈를 잘해도 그게 말이 되냐?' 등등.

사실 나는 이런 반응을 예상했었기에, 시청자들의 마음이 충분히 이해되었다. 촬영을 하면서도 자칫 이 영상이 시청자들에게 오히려 상실감을 줄 수 있겠다는 생각도 했다. 하지만 이 모든 것이 사실인 것을 어쩌겠나?

그녀는 인터뷰에서 자신의 성공 비결을 꾸밈없이 분명하게 말했다. 그녀는 진상 고객을 만나 기분이 안 좋아지면 자기를 좋아하는 고객에게 전화를 하거나, 그들을 찾아가서 수다를 떤다고 했다. 진상 고객보다는 자신을 좋아하는 고객이 훨씬 많다는 사실을 확인하면 금방 기분이 좋아진다고 했다. 이것이 세일즈가 힘들지 않는 이유이자 그녀만의 회복 노하우다.

보험 영업을 시작한 지 20년이 지난 지금도 그녀는 하루에 10명 이상의 고객을 만나고, 30명 이상의 고객과 소통을 한다. 활동 스케줄에 따라 이동하면서 잠깐이라도 고객을 만나고, 자투리 시간에는 수시로 고객에게 전화를 걸거나 SNS로 소통을 한다. 틈만 나면 안부 메시지도 보내고, 재미있는 동영상도 공유하고, 길 가다가 예쁜 풍경을 보면 사진도 찍어서 보낸다.

그녀는 항상 고객의 기억 속에 머물러 있다. 사람은 짧게라도 여러 번 만나야 친해진다고 한다. 그녀는 일상에서 사람과 친해지는 법을 정확히 실천하고 있다.

그녀는 새벽형 인간이다. 매일 새벽 3시 30분에 기상을 해서 업무를 시작한다. 오후 5시쯤에는 일과를 마치고 집으로 돌아와 가족과 함께 식사를 하고, 밤 9시 전에 잠자리에 든다. 술은 한 모금도 못 마시고, 특별한 취미도 없다. 그냥 즐겁게 사람들을 만나서 있는 그대로의 모습으로 소통한다.

내가 아는 김경미 씨는 20년 동안 한결같은 사람이다. 그녀는 평범함 속에서 비범함을 지닌, 진짜 세일즈의 달인이다.

세일즈를 못하는 사람들은 세일즈를 잘하는 사람들이 엄청난 비법을 가지고 있을 것이라 착각하지만, 내가 아는 세일즈 달인들의 절대적인 공통점은 실행력이 강하다는 점이다. 사람들은 흔히들 몰라서 못한다고 말하지만 천만의 말씀이다. 성공하고 싶은데 성공하지 못하는 이유는 '몰라서'가 아니라 '안 해서'다. 실패하는 영업인들은 실행하지 않고 먼저 안 될 거라 판단한다.

성공하고 싶다면 일단 실행해 보고 판단하라.

상상하지 말고 실행하라

당신은 피그말리온 효과를 믿는가?

"성공하기 위해서는 자신의 성공한 모습을 상상하라. 최고급 세단을 탄 모습을 상상하고, 퍼스트 클래스로 세계 여행을 하는 모습을 상상하라. 가지고 싶은 차, 살고 싶은 집의 모습을 사진으로 찍어 책상에 붙여놓고 매일 생각하라."

수많은 자기계발 서적에 그렇게 적혀 있고, 성공 강연자들도 이구동성으로 그렇게 말한다. 정말로 이렇게 자기 최면을 걸면 상상이 현실로 이루어질까? 내 경험으로는 말도 안 되는 소리다.

대기업에서 영업담당 임원으로 일하던 시절, 이름만 대면 알 만한 성공 아카데미에서 10년 이상 성공 강의를 하던 강사를 영업사원으로 채용한 적이 있다. 그는 교육을 받던 중 세일즈에 대단한 자신감을 보였고, 세일즈 매니저들은 대형 사원이 들어왔다며 그에게 큰 기대를 걸었다. 하지만 나는 내심 그가 세일즈를 잘하지 못할 거라 확신했고, 오래지 않아 내 예측이 옳았다는 것이 증명되었다.

내가 본 그는 강의만 오래 하다 보니 세일즈에 대한 현실감이 떨어졌고, 세일즈를 추상적으로 생각했으며, 세일즈에 대한 막연한 환상에 빠져 있었다. 그는 아마 항상 강의를 통해 '상상하라, 그러면 이루어질 것이다'라고 청중들에게 말해 왔을 것이다. 나는 이처럼 막연하게 뜬구름 잡는 교육을 정말 싫어한다. 당신도 그렇게 생각한다면 이제라도 정신 차리기 바란다.

생생하게 상상하고 간절히 원한다고 그냥 이루어지는 일은 이 세상에 절대로 없다. 작심하고 생각을 행동으로 옮겨야 한다. 최고급 세단을 타고 싶다면 돈을 벌 수단과 방법을 찾아야 하고, 성공한 미래를 꿈꾼다면 꿈이 현실이 될 수 있도록 피와 땀을 흘려야 한다.

사람들은 흔히들 '자신감을 가져라'고 말하지만, 자신감은 '가져라'고 외친다고 가져지는 감정이 아니다. 진정한 자신감은 실력에서 나온다. 자신감을 가지고 싶다면 실력을 쌓기 위한 실행을 해야 한다. 운동선수가 달리고 던지고 때리고 넘어져야 실력이 쌓이듯이, 영업인은 전화하고 만나고 부딪치고 거절당해야 그 속에서 실력이 쌓이는 것이다.

피그말리온 효과는 환상이다. 상상하지 말고 실행하라! 실행이 습관이 되고, 습관이 일상이 될 때 당신도 세일즈의 달인이 될 수 있다.

성공 습관?
딱! 100일만 집중하라

성공에는 법칙이 있다. 성공하기 위해서는 먼저 성공 습관부터 만들어야 한다. 습관에는 좋은 습관과 나쁜 습관만 있지, 중간 습관은 없다. 그래서 의식적으로 좋은 습관을 만들지 않으면, 무의식적으로 나쁜 습관이 만들어지는 것이다.

여기서 내가 강조하는 중요한 사실은, 좋은 습관은 고통이라는 터널을 지나야 만들어진다는 것이다. 무엇을 목표로 삼든 새로운 도전을 시작하면 당연히 어색하고, 힘들고, 고통스럽다. 성공 습관을 만들기 위해서는 이 고통을 명현반응이라 생각하고 즐겨야 한다.

예를 들어 몸짱이 되기 위해 무거운 역기를 든다고 가정을 해 보자. 며칠만 지나면 온몸이 쑤시는 고통이 찾아온다. 대부분의 사람들은 여기서 멈추어 버린다.

하지만 멈추지 말아야 한다. 이 시간이 중요한 고비다. 고통을 즐거운 마음으로 받아들여야 한다. 왜냐하면 고통은 몸짱이 되기 위한 터널을 지나고 있다는 살아 있는 증거이기 때문이다. 일주일, 한 달, 그리고 100일이 지나면 고통의 터널을 지나 단단한 습관이 형성된다. 여기까지가 힘든 법이다. 그다음부터는 쉬워진다.

좋은 습관은 이런 과정을 거쳐 성공 습관이 된다. 무슨 일이든 다 마찬가지다. 기타를 배울 때는 손가락에 피물집이 잡히는 고통을 이겨야 하고, 공부를 할 때도 책상머리에 앉아 있는 고통부터 이겨내야 한다.

당연히 세일즈의 성공도 이런 과정을 거쳐야 한다. 세일즈를 통해 성공하기 위해서는 먼저 제대로 된 활동 습관을 만들어야 한다. 영업인 스스로 일일 활동의 원칙과 행동강령을 정하고, 감정의 동요 없이 지속적으로 표준 활동을 해야 한다. 의욕이 앞서 너무 높은 목표를 세우기보다는 실현 가능한 목표를 설정하고 지속적으로 지켜나가는 것이 중요하다. 아무리 어색하고, 힘들고, 어려워도 절대 중도에 포기하지 말아야 한다. 실적이 없어서 갈등이 생겨도 단단한 습관이 만들어질 때까지 참고 이겨내야 한다.

하지만 대부분의 영업인들은 이 과정에서 "나는 세일즈 체질이 아니야. 세일즈로 성공하는 사람들은 이미 정해져 있어. 차라리 다른 일을 하는 것이 훨씬 좋을 것 같아."라고 자신을 합리화하고 세일즈를 포기해 버린다. 안타까운 일이지만, 어쩔 수 없는 현실이다.

이렇게 제대로 된 활동습관을 만드는 일은 결코 쉽지 않다. 무엇보다 매일 자기 자신을 이기는 습관을 들여야 하기 때문이다. 그래서 자신을 이기고 성공한 사람만이 큰 보상을 받을 자격이 있는 것이다.

사람들은 흔히들 '기회가 주어지면 최선을 다하겠다'고 말하지만, 내 경험으로는 '최선을 다해야 기회가 주어진다.' 처음부터 기회가 주어지는 일은 없기 때문이다.

내가 단언하건대, 우리 모두는 자신이 생각하는 것보다 훨씬 더 큰 잠재력을 가지고 있다. 다만 이 사실을 모르고 있을 뿐이다.

간절히 성공하고 싶다면 이것저것 따지지 말고, 딱 100일만 집중해 보라. 자신의 벽을 깨는 집중적인 노력으로 스스로 성공습관을 만들고, 스스로 성공의 결실을 수확하라.

LESSON
2

세일즈
Ship 만들기

세일즈맨 십은
'당당함'이다

영업인의 마음가짐

세일즈맨 십을 한마디로 요약하면 '당당한 마음가짐'이다. 영업인은 구체적으로 어떤 당당함을 가져야 할까?

첫째, 자신이 하는 일에 대해 당당해야 한다. 영업인은 자신의 일에 자부심을 가져야 한다. 세일즈는 선택하기 전에 충분히 신중해야 하고, 선택한 후에는 인생을 걸어야 하는 일이다. 인생을 걸 정도로 자신의 일에 확신을 가질 때 고객 앞에서도 당당할 수 있는 거다.

둘째, 자신이 파는 상품에 대해 당당해야 한다. 유형이든 무형이든 영업인이 판매하는 상품이 고객에게 실질적인 도움이 되고, 고객의 문제를 해결해 줄 수 있는 유용한 것이라는 확신이 있어야 한다. 그래서 세일즈맨 십이 충만한 영업인은 자신이 파는 상품을 당연히 자기부터 구입을 하고, 가장 친한 주변 지인에게도 자신 있게 권할 수 있는 거다.

셋째, 자기 자신에 대해 당당해야 한다. 세일즈를 잘하는 사람들의 절대적인 공통점은 자신에게 당당하다는 것이다. 영업인의 거부할 수 없는 당당한 모습에 고객은 확신을 가지고 구매를 결정한다. 예전이나 지금이나 세일즈는 상품에 앞서 사람을 사는 경향이 크다. 당당한 영업인이 권유하는 상품에 대해 고객은 믿음을 갖게 되는 법이다.

하지만 아무리 세일즈맨 십이 투철한 영업인도 세일즈 현장에서 수많은 거절을 당하고 시련을 겪다 보면 상품에 대한 확신이 무너지고, 일에 대한 열정과 자부심이 사라진다. 그래서 세일즈맨 십이 더욱 중요한 것이다.

세일즈는 마음을 닦는 수행과 같다. 매일 아침에 일어나 자라난 수염을 깎듯이, 매일 마음속에서 자라나는 부정적인 생각과 나약한 마음을 깎아야 한다. 또한 세일즈맨 십은 배터리와 같다. 지속적으로 긍정의 에너지를 충전해서 항상 자신감이 충만한 상태를 유지해야 한다.

흔히 세일즈 성공의 요소별 비중을 말할 때 "지식knowledge이 10%, 기술skill이 10%, 태도attitude가 80%"라고 한다. 그만큼 세일즈에 임하는 마음가짐이 중요하다는 뜻이다. 세일즈는 당당한 마음으로 일하고, 당당하게 성공해야 한다.

삶의 방식부터 바꿔라

세일즈를 잘하기 위해서는 먼저 삶의 방식을 영업적으로 바꿔야 한다. 수동적에서 능동적으로, 소극적에서 적극적으로, 수비적에서 공격적으로 행동을 바꿔야 한다. 내가 먼저 다가가고, 내가 먼저 표현하는 삶을 살아야 한다.

내가 세일즈를 잘하게 된 계기도 실적에 상관없이 영업적인 삶을 살겠다고 다짐하고 행동했기 때문이다. 이런 결심을 하게 된 동기는 내 인생의 멘토 하라 잇페이의 삶을 통해서이다.

하라 잇페이는 스물다섯 살에 일본의 메이지 생명보험회사 세일즈맨으로 입사했다. 그는 6개월이 지나도록 한 건의 보험도 판매하지 못해 수입이 전혀 없었다. 그래서 회사 근처 공원 벤치에서 잠을 자고, 새벽에 일어나 공중화장실에서 세수를 한 후 출근을 했다. 하지만 그는 항상 즐겁게 노래를 흥얼거리고 휘파람을 불면서 출근했고, 만나는 사람에게 큰 소리로 먼저 인사를 건네었다.

어느 날, 매일 아침 출근길에 마주치던 노인에게 반갑게 인사를 하자 그가 말을 건넸다.

"자네는 뭐가 그리 좋은 일이 많아서 매일 이렇게 즐거운가? 정말 행복한 사람 같아 보이는구먼. 자네를 보면 나도 모르게 항상 기분이 좋아진다네. 내가 저기 건너편 호텔에서 맛있는 아침을 살 테니, 함께 식사나 하면서 이야기를 좀 나누세."

"죄송합니다. 저는 일찍 출근해서 활동 준비를 해야 하므로, 아침을 함께 먹을 수가 없습니다."

"그렇다면 하나만 물어 보세나. 자네는 도대체 어떤 일을 하기에 그렇게 항상 즐거운가?"

"저는 보험회사 영업사원입니다."

"그렇다면 식사는 다음에 하고, 차나 한잔 하는 것은 어떤가? 내가 그 보답으로 보험 하나는 가입하겠네."

하라 잇페이는 이렇게 입사 7개월 만에 길거리에서 만난 노인에게 첫 실적을 올렸다.

그 노인은 건너편 호텔의 회장이었고, 그 후 그는 하라 잇페이의 열렬한 후원자가 되었다. 이 사건을 계기로 자신감을 얻게 된 하라 잇페이는 결국 일본에서 가장 존경받는 전설적인 영업왕이 되었다.

이 이야기를 접한 후, 나도 내 삶의 방식을 영업적으로 바꾸어야겠다고 생각했다. 실적이 없어도 남 눈치 보지 않고 당당하게 행동하기로 결심했다. 그리고 그 결심을 실행에 옮겼다.

예를 들어, 그 전에는 항상 주눅이 들어 있었기 때문에 길을 가다가 멀리서 지점장님이 보이면 골목으로 숨었지만, 그 후에는 먼저 달려가 큰 소리로 인사를 했다. 아침에 출근도 일찍 하고, 만나는 모든 사람들에게 내가 먼저 반갑게 말을 걸었다. 필드에서 만나는 잠재 고객들에게도 적극적으로 다가가고, 표현하고, 자신감 있게 행동했다. 처음에는 어색했지만, 의식적으로 그렇게 하려고 노력했더니 차츰 영업적인 삶이 습관이 되었다.

그러자 놀랍게도 나를 대하는 사람들의 평가가 달라지기 시작했다. 실적은 여전히 꼴찌였지만 어느 순간부터 내 이마에는 '대기만성 형'이라는 딱지가 붙었다. 회사에서든, 필드에서든 '저 친구는 언젠가는 분명히 성공할 거야'라는 기대어린 칭찬이 이어졌다.

한번은 아침 조회시간에 지점장님이 즉흥적으로 나를 칭찬하면서, 나에게 '활동사례 발표'를 시킨 적도 있었다. 실적이 여전히 꼴찌여서 동료들 앞에 선다는 것이 민망하기 짝이 없었지만 나는 주눅 들지 않고 하루 일과에 대해 패기 있게 발표를 한 후, 내친김에 노래까지 한 곡 불러버렸다. 어디서 그런 용기가 생겼는지 지금 생각해도 놀랍다.

그렇게 내 행동이 바뀌자 어느 순간부터 차츰 실적이 나아지기 시작했고, 그 후 나는 25년 동안 세일즈 세계에서 2등을 한 기억이 별로 없다.

하라 잇페이가 했으니 나도 할 수 있었고, 내가 했으니 당신도 당연히 할 수 있다. 세일즈를 잘하기 위해서는 먼저 삶의 방식부터 영업적으로 바꿔야 한다.

미치는 것도 노력이다

바둑에 미치면 침실의 천장이 바둑판으로 보이고, 당구에 미치면 밥상 위의 그릇이 당구공으로 보이고, 골프에 미치면 비 오는 날 우산을 들고도 샷 연습을 하게 된다. 하지만 가만히 생각해보면 처음부터 미칠 수 있는 일은 없다. 어떤 일이든 처음에는 잘 안 되고, 힘들고, 재미도 없다. 열심히 노력해서 재미있는 경지에 도달해야 한다. 즉 미치는 데에도 노력이 필요하다는 것이다.

금방 재미있는 일은 싫증도 빨리 난다. 배우기 힘든 일이 갈수록 재미나고 오랫동안 재미난다. 세일즈도 처음부터 재미난 일이 아니다. 재미나기 위해서는 먼저 미쳐야 한다.

미쳐야 미칠 수 있다. 미쳐야 일의 즐거움에 미치고, 미쳐야 일의 보람에 미치며, 미쳐야 고객의 마음에 미치고, 미쳐야 꿈꾸는 성공에 미친다.

내 경험으로는, 1년을 세일즈에 미치니 사람들이 나를 '부담스럽다'고 했다. 술자리에서는 술맛 떨어지니 세일즈 이야기 좀 그만 하라고 무안을 주는 사람도 있었고, 나를 보면 도망가는 사람도 있었다. 2년을 미치니 '대단하다'며 차츰 인정하기 시작했고, 3년을 미치니 '프로'라며 주위 사람들에게 나를 소개하기 시작했다. 그렇게 똑같이 5년을 미친 후, 나는 이른바 '출세했다'는 말을 듣게 되었다.

신기하게도 사람들의 평가가 서서히 변하는 만큼 내 실적도 변하기 시작했고, 고객과의 관계도 점차 갑을 관계가 역전되기 시작했다.

나는 세일즈를 통해 '사람의 능력은 노력에 따라 변한다'는 사실을 분명히 알게 되었다. 사람들은 자신의 능력이 얼마나 극대화될 수 있는지 잘 모른다. 왜냐하면 자신의 일에 미쳐보지 않았기 때문이다.

미쳐라! 잘 안 된다면 미친 척이라도 해라. 자꾸만 미친 척을 하다 보면 정말로 미치게 되고, 완전히 미치면 꿈꾸는 성공에 미치게 될 것이다. 미치는 것도 노력이다!

영업인의
4대 공포증

영업인의 네 가지 공포증

모든 영업인은 정도의 차이는 있지만 방문, 질문, 거절 그리고 마감에 대한 공포증을 가지고 있다. 이 공포증을 극복하지 못하면, 세일즈 자체가 공포로 느껴진다. 영업인의 4대 공포증에 대해 살펴보자.

(1) 방문 공포증

고객을 방문하기 전부터 면담 시 일어날 안 좋은 상황에 대해 미리 공포감을 느끼는 증상이다. 방문 공포 지수는 고객과 만나기로 약속한 시점부터 상승하기 시작하여, 만나기 바로 직전 절정에 이른 후 막상 고객과 대면하면 급격히 떨어진다. 만남 이후에는 불확실성이 차츰 해소되기 때문이다.

방문 공포증에 걸리면 고객을 만나는 것 자체에 심한 두려움을 느끼고, 대인관계가 소극적·부정적으로 변한다. 마음속으로 '보나마나 또 안 될 거야' '하나마나 소용없는 짓이야'라고 체념하고, 자신감을 잃고 의기소침해진다. 심지어 고객을 방문했는데도 만나지 못하면 오히려 다행이라고 생각한다.

(2) 질문 공포증

고객이 어떤 질문을 할지 두려움이 앞서고, 질문에 답변을 잘하지 못할까 지레 걱정하는 증상이다. 상품 지식이나 제반 업무 지식이 부족한 신입 영업인들에게 흔한 공포증이다.

(3) 거절 공포증

고객의 예상되는 거절에 대해 두려움을 느끼는 증상이다. '세일즈는 거절부터 시작된다'라고 스스로에게 마인드 컨트롤을 하지만, 고객의 거절을 담담하게 받아들이기는 말처럼 쉽지 않다. 때로는 자존심이 상하고, 마음에 상처로 남기도 한다.

(4) 마감 공포증

대부분의 영업인들은 매달 목표 대비 달성률에 의해 평가를 받는다. 한 달 마감을 못 치르면 평가점수가 낮아지고 수입이 적어지는 등의 개인적인 불이익은 당연히 감수하겠지만, 회사 내에서 타인의 눈이 의식되고 속한 조직에 대한 기여도가 항상 부담이 된다.

이러한 4대 공포증의 궁극적인 원인은 결과의 불확실성 때문이다. 세일즈는 무無에서 유有를 창조하는 일이기에, 어떤 영업인이든 정도의 차이는 있지만 확정되지 않은 결과에 대해 공포를 느끼는 것이다. 공포증은 결국 공포를 대하는 마음의 문제다. 어떤 마음으로 공포를 극복할 것인가 알아보자.

4대 공포증을 어떻게 극복할 것인가?

(1) 방문 공포증에 대한 대책

새로운 고객을 만나는 것은 미지의 세계를 탐험하는 흥미진진한 모험이다. 고객과의 만남을 재미로 생각하고, 그것을 즐기려는 마음자세를 가져야 한다.

'오늘 만나는 사람은 어떤 사람일까? 정말 궁금해!' '아마 이분도 분명 나를 좋아하게 될 거야.' '오늘도 스릴에 찬 모험을 힘차게 시작해 보는 거야.'

영업인의 자신감 있고, 당당한 모습에 고객은 호기심을 가지고 마음의 문을 열게 된다.

(2) 질문 공포증에 대한 대책

예상되는 질문에 대비해 상담 전에 충분한 준비(상품 공부, 화법 연구, 자료 준비 등)를 하면 상대적으로 공포감은 줄어든다. 꾸준히 세일즈 활동을 하다 보면 고객의 질문은 일정 범위 안에 있다는 것을 알게 된다. 간혹 범위를 벗어난 새로운 질문이 나오면, 새롭게 공부해서 답변을 준비하면 된다.

'처음부터 모든 것을 잘 아는 사람은 없어. 모르는 것을 물어보면 모른다고 대답하고, 공부해서 알려드리면 되지 뭐.' '난 충분히 준비되었기 때문에 어떤 질문에도 답변할 자신이 있어. 전문가답게 멋지게 말해야지.'

고객의 질문에 대해 자신감을 가져야 한다. 아무리 똑똑한 고객이라도 충분히 준비한 영업인보다 더 많이 알 수는 없다. 고객의 질문에 전문가답게 답하는 당당한 자신의 모습을 상상하라.

(3) 거절 공포증에 대한 대책

고객의 거절을 2종류로 구분해서 받아들여야 한다. 의례적인 거절과 상품에 대한 거절이다. 의례적인 거절은 무시하고, 상품에 대한 거절은 하나씩 해결해 나가면 된다. 고객의 거절 역시 대부분 일정한 범위 안에 있다. 예상되는 거절에 대비해 답변과 자료를 철저히 준비하면 공포감은 줄어든다.

'자, 이제부터 시작이야. 전문가답게 하나씩 해결해 나가 보자.' '드디어 고객이 관심을 보이기 시작했어. 준비한 대로만 하면 되는 거야.'

영업인은 거절을 판매의 시작을 알리는 푸른 신호등이라 여겨야 한다.

(4) 마감 공포증에 대한 대책

모든 영업인은 정도의 차이는 있지만 마감에 대한 중압감을 가지고 있다. 마감은 학창 시절의 시험과 같은 것이다. 시험을 목표로 공부를 하듯이, 마감을 목표로 긴장감 있는 활동을 해야 한다. 마감을 흥미진진한 경주라 생각해야 한다.

장기적인 목표를 달성하기 위해서는 목표를 세분화시켜 과정 관리를 해야 한다. 주간·월간 목표가 없으면 나태해지고, 실적도 저조해져 궁극적인 목표에 도달할 수 없을 것이다. 마감의 순기능을 긍정적으로 받아들여야 한다.

'마감은 스릴에 찬 모험이야. 이번 달도 목표 지점을 향해 힘차게 한번 달려보는 거야.' '지난 달은 실적이 부진했지만, 이번 달은 목표를 초과 달성해서 우수사원 시상을 꼭 받아야겠어.'

프로 영업인은 마감의 긴장감을 즐길 줄 아는 사람이다.

결국은 모든 것이 마음의 문제다. 성공도 성공하려는 마음을 먹어야 가능하고, 자존심도 내가 만들어내는 마음의 문제이며, 공포증도 공포를 내하는 마음의 문제다. 그래서 영업인은 지속적으로 마음의 근육을 키우는 운동을 해야 한다.

모든 세일즈는
'아니오'로 시작한다

거절에 익숙해지기

세일즈는 거절에서부터 시작된다. 100명의 고객에게 상품을 권유하면 90명은 '아니오', 10명은 '절대 아니오'라고 답한다.

세일즈를 못하는 사람은 세일즈를 잘하는 사람이 엄청난 노하우를 가지고 있다고 착각하는 경향이 있다. 천만의 말씀이다. 가장 큰 차이는 거절을 대하는 마음의 자세다. 세일즈를 잘하는 사람은 거절을 일상으로 여긴다.

한 번은 모 회사에서 강연을 한 후 휴대폰을 켜니, 여러 건의 부재중 전화와 문자가 와 있었다. 무심코 한 번호에 전화를 거니, "○○손해보험회사의 ○○○입니다"라고 했다. 나는 다짜고짜 "필요 없으니 제발 전화 좀 그만 하세요" 하고 매몰차게 말하고는 전화를 끊어버렸다. 그 즈음이 내 자동차보험의 갱신 기간이었는데, 어찌 알았는지 거의 모든 보험회사에서 전화가 걸려와 짜증이 잔뜩 나 있던 참이었다.

그런데 전화를 끊은 후 문자를 확인하다가 정신이 번쩍 들었다. 방금 그 손해보험회사에서 보험 권유가 아닌, 강연 요청 문자가 와 있는 것이 아닌가? 미안한 마음에 전화를 다시 걸어 자초지종을 이야기하고 사과까지 했지만, 결국 강연 일정은 잡지 못했다.

이 사건은 영업인인 나를 크게 반성하게 만들었다. 그 이후 어떤 영업인에게 전화가 걸려와도 일단 친절히 응대한 후 정중히 거절하는 습관이 생겼다. 그때 일을 생각하면 지금도 얼굴이 화끈거린다.

텔레마케터의 콜 대비 판매율은 얼마나 될까? 업종에 따라 차이는 있겠지만, 평균 2% 정도다. 언젠가 세일즈를 잘하는 텔레마케터와 이야기를 나눈 적이 있다. 그녀의 판매 성공률은 3% 정도라고 했다. 100명에게 전화를 하면 3건의 계약을 한다는 것이다.

그녀에게 하루의 목표를 물으니 "제 목표는 거절을 가장 많이 당하는 것입니다." 하고 웃으면서 말했다. 그녀는 스스로 거절의 목표를 정하고, 그 목표를 달성하면 자신에게 상을 준다고 했다. 100건 단위로 작은 상(커피, 아이스크림, 맛있는 식사 등)을 주고, 1,000건 달성 시에는 큰 상(옷, 화장품, 생활용품 등)을 주고, 10,000건 달성

시에는 해외여행을 간다고 했다. 나는 그 이야기를 듣고 그녀가 새롭게 보였다. 이것이 그녀의 세일즈 노하우이자 성공 비결이다.

세일즈로 성공하기 위해서는 거절에 익숙해져야 한다. 또한 거절을 당해도 감정의 동요가 없어야 한다. 거절은 나에 대한 거절이 아니라, 내가 파는 상품에 대한 거절이다. 한 건의 실적을 만들기 위해서는 여러 번의 시도를 하고, 수많은 거절을 거쳐야 한다. 몇 번의 시도가 실패했다고 해서 세일즈 자체가 실패한 것은 아니다.

프로 영업인은 수없이 시도해서 수없이 실패해도 그 실패가 치명적인 실패로 남지 않도록 계속 노력하는 사람이다.

일반 거절과 상품 거절

고객의 거절은 '일반 거절'에서 시작해 '상품 거절'로 진전된다. 세일즈 프로세스는 거절을 해결해 나가는 과정이며, 그 종착지가 판매다.

처음에는 일반적인 거절로 시작된다. 일반 거절을 부정의 의미가 아니라, 시작을 알리는 긍정의 신호로 받아들여야 한다. 고객의 일반 거절을 긍정의 의미로 받아들이면 '필요 없다 → 언젠가는 필요할 것이다' '지출할 다른 우선순위가 있다 → 우선순위는 언제든지 바뀔 수 있다' '당신을 잘 모른다 → 나를 알게 되면 분명 좋아하게 될 것이다' '엮이고 싶지 않다 → 나는 당신에게 도움이 되는 사람이다'로 해석이 가능하다. 분명한 점은, 일반 거절은 영업인의 인격에 대한 거절이 아니라 세일즈에 대한 의례적인 거절이라는 점이다.

종착지인 판매로 나아가기 위해서는 상품 자체에 대한 거절을 해결해야 한다. 유형의 상품이든 무형의 상품이든, 판매하는 상품에 따라 거절의 이유는 다양하다.

먼저, 예상되는 상품 거절의 유형을 전부 나열해 보자. 예를 들면 '너무 비싸다, 신뢰할 수 없다, 다른 회사 상품이 더 좋은 것 같다, 디자인이 마음에 안 든다, 납입 기간이 너무 길다, 유지비용이 많이 든다, A/S가 우려된다' 등등 수많은 거절의 이유가 있을 것이다.

이어 각각의 거절 이유에 대해 적절한 응대 화법을 준비해야 한다. 연관되는 자료나 통계를 참고하고 사례도 인용하면서, 수긍이 가게끔 모범답안을 만드는 작업을 해야 한다. 그런 후 그것을 암기하고, 감정을 실어서 나만의 화법으로 완성시켜야 한다. 세일즈 프로세스는 거절을 하나씩 해결해 나가는 과정이다.

진짜 큰 문제는 오히려 고객이 거절을 하지 않는 경우다. 관심이 없으면 거절도 없다. 거절보다는 무관심이 판매의 더 큰 장애

물이다.

만일 고객이 거절을 하지 않는다면 영업인은 이 상황에 어떻게 대처해야 할까? 당연히 클로징(권유)을 해야 할까?

고객이 무반응이거나 거절을 안 하면, 먼저 테스트 클로징을 해야 한다. 클로징에는 테스트 클로징^{Test Closing}과 실제 클로징^{Real Closing}이 있는데, 테스트 클로징은 고객의 거절을 유도하는 클로징 화법이다. 예를 들면, '경제적으로 부담이 되시죠?' '납입 기간이 너무 길게 느껴지시죠?' 'A/S가 걱정되시죠?' 등 고객의 마음속에 있는 예상되는 거절을 유도해 내고, 그 거절을 해결한 후 실제 클로징을 해야 한다.

많은 고객을 만나고, 많은 상담을 하다 보면 의외로 고객들의 거절 유형이 유사하다는 것을 알게 된다. 간혹 새로운 유형의 거절이 나오면, 또 새로운 응대 화법을 만들면 된다. 이 과정을 반복하다 보면, 차츰 고객의 거절이 친숙하게 느껴질 것이다.

자존심은 바보의 감정이다

'모든 세일즈는 거절부터 시작된다.' '거절은 계약의 푸른 신호등이다.'라고 스스로 마음을 먹지만, 고객의 거절을 담담하게 받아들이기는 정말 쉽지 않다. 나도 세일즈를 갓 시작했을 때 자존심 상하는 거절을 당하면, 화도 나고 눈물도 나고 분해서 며칠 동안 잠도 못 잤다.

그러던 어느 날 가만히 생각해 보니, 자존심은 남이 상하게 하는 것이 아니라 '내가 받아들이는 나만의 감정'이라는 것을 깨달았다. 내가 그렇게 생각 안 하면 사실 그것은 유별난 감정이 아니다.

자존심이 상하는 가장 큰 이유는 자존감이 낮기 때문이다. 자존감이란 '나는 소중한 존재'라는 믿음이다. 따라서 자존감이 강한 사람은 어려움이 닥쳐도 긍정적으로 생각하고, 누군가에게 무시당해도 상처를 받지 않는다.

대부분의 사람들은 타인에게 인정받고 싶고 우월해지고 싶은 마음에 자존심을 내세운다. 세상을 1인칭으로 보지 않고 3인칭으로 보기 때문에 별것 아닌 일에도 자존심 상해한다.

다시 말해 '자존심은 바보의 감정'이다. 이 사실을 깨닫고 나서부터 나는 자존심이 상하지 않았다. 왜냐하면 내가 그렇게 마음먹었기 때문이다.

나는 세일즈를 하면서, 시련과 성공이 동전의 양면이라는 이치를 깨달았다. 시련이 있어야 성공도 있는 거다. 시련을 의지를 불사르는 연료로 삼아야 한다.

자고로 성공한 영업인치고 작은 자존심에 연연한 사람은 없다. 큰 자존심을 위해서 작은 자존심은 버려야 한다. 큰 자존심을

프로와 아마추어의 차이는?

세일즈 고전에 나오는 활동 사례를 들어보자.

어느 신참 방문판매 영업인이 사무실에서 실적이 가장 좋은 고참 영업인에게 일을 배우기 위해 동행 활동을 나갔다. 첫 번째 집에서는 초인종을 누르자 잠든 애를 깨웠다고 욕을 한 바가지 얻어먹었고, 두 번째 집에서는 사나운 개가 달려들어 줄행랑을 쳤으며, 세 번째 집에서는 무단침입을 했다고 물세례를 당했다. 이렇게 하루 종일 고객에게 상품 설명은 한 번도 못해 보고 문전박대만 당하다가 결국 사무실로 돌아왔다.

동행 활동을 했지만 아무것도 얻지 못한 신참은 고참 영업인에게 무척 실망했다. 그에게 배울 점이 아무것도 없다는 생각마저 들었다.

당신도 그렇게 생각하는가? 사실 고참 영업인은 신참에게 성공하기 위해 가장 중요한 한 가지를 분명히 가르쳐 주었다. 단지 신참이 보는 눈이 없어서 깨닫지 못했을 뿐이다.

수많은 거절을 당한 후에도 웃으면서 다음 집을 방문할 수 있는 프로 영업인의 자세, 이것이 세일즈의 기본이자 핵심이다. 이것은 시대가 바뀌었고, 세일즈 방법이 바뀌었고, 영업인의 역할이 바뀌었어도 영원히 변함없는 세일즈 정신이다. 아마추어가 열 군데를 방문해서 한 건을 판매할 때, 프로는 백 군데를 방문해서 열 건을 판매한다. 요령은 그다음의 문제다.

또 다른 사례다. 세일즈로 큰 성공을 거둔 후 자신의 회사를 창업한 어떤 사장님이 있었다. 우연히 알게 된 모 회사의 영업인이 회사로 방문하겠다는 연락을 받고, 세일즈맨 출신 사장은 '절대로 상품을 사지 않겠다'는 생각에 만반의 거절 준비를 한 채 기다리고 있었다.

잠시 후 성실해 보이는 젊은 영업인이 찾아왔다. 사장은 계획한 대로 영업인에게 눈길도 주지 않고 성의 없이 건성으로 인사를 나누었다. 어색한 분위기 속에 영업인은 주섬주섬 팸플릿을 꺼내 상품을 설명하기 시작했다. 표정이나 화법에서 전문가의 느낌은 전혀 없었고, 그저 사람만 착해 보였다. 사장이 몇 마디 거절을 하자 얼굴을 붉히며 어쩔 줄 몰라 했고, 이제 회의할 시간이라 일어나야겠다고 말하자 그는 미안한 표정을 지으며 허리를 깊게 숙여 인사를 하고 돌아섰다. 축 처진 어깨로 문을 나서는 뒷모습을 보니, 예전의 세일즈맨 시절의 자기 모습을 보는 것 같아 왠지 측은한 감정이 들었다. 사장은 그를 다시 불러 세웠고, 자리에 앉힌 후 세일즈를 어떻게 하면 잘할 수 있는지 자신의 경험을 바탕으로 교육을 시작했다.

"세일즈는 자신 있는 목소리와 당당한 눈빛이 중요합니다. 또 박또박한 말투로 상품 설명을 한 후, 고객의 눈을 똑바로 쳐다보고 강하게 클로징을 해야 합니다. 고객은 자신감 있는 영업인의 모습에 반해 자신의 지갑을 여는 법입니다."

장황한 세일즈 교육을 마친 사장은 그의 어깨를 두드려 주고, 격려의 의미로 계약서에 사인을 해주었다. 계약서를 손에 쥔 영업인은 얼굴에 웃음기가 가득한 채로 사장님에게 되물었다.

"사장님, 세일즈 교육 정말 감사합니다. 그런데 만일 제가 처음부터 사장님께서 가르쳐 주신 대로 자신감 있게 권유를 했더라면, 사장님께서 계약서에 사인을 하셨을까요?"

그제야 사장은 그가 일부러 서툰 영업인 역할을 자청한 것임을 깨닫고 무릎을 쳤다. 세일즈의 대가 앞에서 신참 영업인의 어떤 화법, 어떤 시도가 통했겠는가? 오히려 역으로 답답한 영업인 역할을 한 것이 대가의 마음을 움직인 것이다.

결론적으로 세일즈에 왕도는 없다. 세일즈를 못하는 사람은 세일즈를 잘하는 사람들이 엄청난 비법을 가지고 있다고 착각하지만, 세일즈를 잘하는 사람들의 가장 큰 특징은 거절을 일상으로 여기며, 각자 자기 나름대로의 방법을 찾아 지속적으로 노력한다는 점이다.

거절당하기 연습

　『거절당하기 연습』의 저자인 중국인 지아 장은 미국에서 10년 동안 일반 회사에 근무하다가 창업을 했다. 사업을 시작한 지 3개월 만에 제품 개발에 성공했으나, 회사를 운영할 자금이 없었다. 투자 자금을 유치하기 위해 수많은 사람들을 만났지만 번번이 거절을 당했고, 어쩔 수 없이 결국 사업을 접게 되었다.

　이후 거절에 대한 두려움이 병이 되었고, 거절의 트라우마를 극복하지 못하면 향후 어떤 일도 할 수 없을 것 같다는 생각이 들었다. 그래서 거절을 극복하는 방법에 대해 인터넷 검색을 하다가 매일 의도적으로 거절을 당하면 거절에 무감각해진다는 글을 보고, '100일 거절당하기 연습'을 시작한다.

　첫날, 모르는 사람에게 100달러 빌리기로 시작해 햄버거 가게에서 햄버거 리필 요구하기, 도너츠 가게에서 도너츠로 올림픽 오륜 마크를 만들어 달라고 요구하기, 모르는 집 뒷마당에서 축구하기 요청, 비행기 이륙 시 안내 인사하기 요청 등 매일 한 가지씩 새로운 거절을 당하기 위한 시도를 한다.

　하지만 지아 장은 거절당하기 연습을 진행하면서, 당연히 거절당할 것이라 예상했던 요구가 의외로 받아들여지는 경우도 많다는 사실에 놀란다. 모르는 사람의 집 뒷마당에서 축구도 하게 되고, 비행기 이륙 시 인사도 하게 되고, 심지어 오륜 마크 도너츠를 공짜로 선물받게 되는 일까지 경험한다.

이런 자신의 시도를 영상으로 찍어 유튜브에 공유하자, 오륜 마크 도너츠 만들기 동영상은 500만 명 이상이 보게 되고, 시청 자들의 격려와 함께 지아 장은 일약 대중들의 스타가 된다.

지아 장은 이 실험을 통해 당연히 거절이 예상될 만큼 황당한 제안도 당당히 요청하자 의외로 들어주는 사람들이 있다는 놀라 운 사실을 알게 된 것이다. 그는 말한다.

"거절은 제게 있어 두려움 그 자체였습니다. 늘 도망치고 있었 기 때문에, 거절의 두려움은 평생 저를 따라다니며 괴롭혔습니다. 그런데 거절에 익숙해지자 거절은 오히려 제게 많은 기회가 되었 습니다. 이제 거절은 제 인생 최고의 선물입니다."

거절은 도망치면 두려움이지만, 친해지면 기회가 된다. 영업 인은 거절과 친구가 되어야 한다. 즐거운 마음으로 친구를 만나야 그 속에서 판매의 기회를 잡을 수 있는 거다.

세일즈는
즐거운 놀이다

일과 휴식

어떤 영업인이 죽고 나서 눈을 떠보니 천국이었다. 아름다운 꽃이 만발하고, 감미로운 음악이 흐르고, 맛있는 음식에 안락한 침실까지, 그야말로 꿈에서 상상하던 그런 곳이었다. 무엇보다 좋은 것은 아침 일찍 출근을 안 해도 되고, 고객을 만나는 스트레스도 없고, 목표 달성의 중압감도 없으니 정신적으로, 육체적으로 너무나 편안했다. 게다가 하인이 옆에 있어 밥 먹는 것부터 화장실 가는 것까지 시중을 들어주니, 손끝 하나 까딱할 필요가 없었다.

이렇게 한 달쯤 지나자 차츰 싫증이 나고 지겨워져서 하인에게 말했다.

"도저히 심심해서 안 되겠다. 지금부터는 내 손으로 할 수 있는 것을 하게 해다오."

하지만 하인은 정색을 하면서 단호하게 거절했다.

"주인님, 이곳에서는 원하는 모든 것을 다 할 수 있지만 단 하나, 주인님이 직접 하는 것은 금지되어 있습니다."

그 말에 영업인은 화가 나서 외쳤다.

"그러면 차라리 지옥이 낫겠다. 내 손으로 아무것도 할 수 없다니, 심심해서 어떻게 살라는 말이냐?"

이 말을 듣고 하인은 깜짝 놀라며 말했다.

"주인님은 여기가 천국인 줄 아셨습니까? 여기가 바로 지옥입니다."

재미있는 이 이야기 속에는 인생의 의미 있는 교훈이 담겨 있다. 세상은 흑백 논리가 아니라 공존의 시각으로 봐야 참된 가치를 알 수 있다는 교훈이다.

일과 휴식은 공존하는 것이다. 열심히 일하는 사람만이 휴식의 달콤함을 안다. 매일 놀면 휴식이라는 단어도 생기지 않았을 것이다. 스트레스와 성취도 마찬가지다. 다소 스트레스를 받아야 성취했을 때의 보람과 희열이 큰 법이다.

중요한 것은 일을 즐기는 마음의 자세다. 일을 의무라고 생각하면 인생은 지옥이고, 일을 낙이라 생각하면 인생은 천국이다.

세일즈는 죽기 살기로 하는 일이 아니다. 고객의 거절도 즐기고, 목표에 대한 중압감도 즐겨야 한다. 세상만사 마음먹기 나름이다. 세일즈는 즐겁게, 놀이를 하듯이 해야 장기적으로 성공할 수 있다. 영업인이 천국에서 사느냐, 지옥에서 사느냐는 결국 각자 마음의 문제다.

슬럼프를 관리하라

세일즈를 오래 하지도 않았고, 열심히도 안 하면서, 툭하면 슬럼프에 빠졌다고 투덜대는 영업인이 있다. 정확히 표현하면 그것은 슬럼프가 아니라, 게으름이고 농땡이다. 내가 생각하는 슬럼프라는 말은 한 업종에서 최소한 3년 정도는 열심히 일을 해온 사람만이 쓸 수 있는 용어다.

영업인이 슬럼프에 빠지면 일이 힘들어지고 실적이 저조해진다. 또한 슬럼프는 무기력감이나 절망감, 더 나아가 일에 대한 회의까지 동반하는데, 사실 이런 감정들이 더 큰 문제다. 슬럼프는 누구에게든 주기적으로 찾아오게 마련이지만, 영업인의 슬럼프는 방치하면 치명적인 병으로 악화된다.

슬럼프에 자주 빠지는 영업인은 대부분 감정 기복이 심한 사람이다. 일을 할 때는 열심히 하지만, 안 좋은 감정에 사로잡히면 무한정 일손을 놓아버린다.

누구든지 감정의 기복은 있다. 이 감정을 관리하는 것이 중요하다. 나쁜 감정에 오래 빠지지 말고, 침체의 나락으로 떨어지는 감정의 하향 곡선을 최소화시켜야 한다. 슬럼프에 빠졌다고 생각되면 다음과 같이 대처하라.

첫째, 일하는 방식을 바꿔라. 새로운 시도를 하면 새로운 활력이 생긴다.

둘째, 친한 고객들을 만나라. 그들과 친해진 과정을 생각하면 힘이 난다.

셋째, 역동적인 운동을 하라. 몸을 움직이면 뇌가 활성화된다. 건강한 몸에 건강한 정신이 깃든다.

넷째, 자연을 가까이하라. 사람도 자연이다. 자연 속에서 치유와 성장의 에너지를 충전하라.

다섯째, 더 많이 노력하라. 일은 일로 풀어야 한다. 더 많은 고객을 만나고, 더 바쁘게 활동하라.

영업인이 슬럼프를 겪는다는 것은 노력하고 있다는 증거다. 슬럼프는 성장을 위해 거쳐야 하는 어두운 터널이다. 마음의 여유는 가지되, 가속 페달을 힘껏 밟아야 한다. 어두운 터널을 통과하고 나면 분명히 더 단단해지고, 더 성숙될 것이다.

슬럼프는 성장통이다. 극복하면 성장하고, 극복하지 못하면 노예된다.

영업인의 세 가지 삶의 방식

'낙타가 사자로 변하고, 사자가 아이로 변하면 신이 될 것이다.'

고대 페르시아의 예언가 자라투스트라의 말이다.

낙타는 순종적이다. 시키는 대로 산다$^{\text{I should}}$. 동물의 왕인 사자는 하고 싶은 대로 산다$^{\text{I want}}$. 아이는 있는 그대로 산다$^{\text{I am}}$.

낙타는 해야 할 것이 많고, 사자는 하고 싶은 것이 많으며, 아이는 아무것도 하지 않는다. 낙타는 늘 고달프고, 사자는 늘 힘이 넘치며, 아이는 늘 재미있다.

지금 현재 당신의 삶은 낙타인가, 사자인가, 아이인가?

대부분의 영업인들은 고달프고, 불안하다. 그러면서 '해야 한다^{should}'는 강박증에 시달린다. '해야 한다'는 이성이 항상 머릿속을 지배하고 있다. 해야 한다는 의무감에서 벗어나 '하고 싶다^{want}'는 자발심으로 나아가야 한다.

유능한 영업인은 일을 찾아서 한다. 하고 싶은 것이 많기 때문이다. 일을 통해 성취감도 느끼고 자부심도 느낀다. '하고 싶다^{want}'라는 자발적인 감정에 의해 행동한다. 이들은 일을 통해 자신의 존재가치를 확인받고 싶어 한다.

최고의 영업인은 '하지 않음^{non-doing}' 속에서 성취를 한다. 이들에게 일은 즐거움이고, 세일즈 현장은 놀이터다. 고객을 만나는 것도 즐겁고, 거절을 당하는 것도 즐긴다. 일을 재미있는 놀이라 생각하는 이들은 매일 천국에서 산다.

낙타였던 당신이 사자로 변하고, 사자가 아이로 변하면, 당신은 최고의 영업인이 될 것이다.

영업인들에게 필요한
멘탈 헬스

내가 항상 강조하지만, 세일즈는 단순히 물건을 '파는 일'이
아니라 사람의 마음을 '사는 일'이다.

고객의 마음을 사기 위해서는 먼저 내 마음의 그릇부터 키워
야 한다. 그래서 영업인들은 지속적으로 마음의 그릇을 키우는 운
동을 해야 한다. 내 마음의 그릇을 키워야 그 안에 고객의 마음도
담을 수 있기 때문이다.

성공 역시 성공하려는 마음에서부터 시작된다. 내가 교육을
통해 아무리 좋은 지식과 노하우를 전수해도, 받아들이는 사람이
'그건 나하고는 상관없는 일이야'라고 생각하면 무슨 소용이 있
겠는가. 본인 스스로 성공하려는 마음부터 먹어야 한다.

마음을 먹기 위해서는 먼저 자신의 내면 깊은 곳에 어떤 마음
이 있는지를 알아야 한다.

잠재의식을 바꾸는 멘탈 헬스

우리 모두의 내면에는 자기도 잘 알지 못하는 진짜 자기의 모습이 숨겨져 있다. 이것이 순간순간 무의식적인 감정으로 나타난다. 이 감정이 바로 멘탈이다.

멘탈이 강한 영업인은 고객을 끄는 매력을 발산한다. 거부할 수 없는 매력은 외모가 아니라, 멘탈에서 나온다. 멘탈이 강한 영업인은 언제 어디서나 당당하다. 이 당당함이 고객의 마음을 움직인다. 멘탈은 자석과 같다. 사람이든 성공이든 멘탈이 다 끌어온다.

그리고 이 멘탈은 트레이닝에 의해 강해질 수 있다. 몸짱이 되기 위해서 보디 헬스를 하듯이, 마음짱이 되기 위해서는 멘탈 헬스를 해야 한다. 특히 수많은 고객을 상대해야 하는 영업인에게 멘탈 헬스는 선택이 아니라 필수다.

멘탈 헬스의 구체적인 방법을 설명하기 전에, 우선 멘탈 헬스가 무엇인지 알아보자.

멘탈 헬스란, 잠재의식을 바꾸어 현재의식을 변화시키는 것이다.

잠재의식이란 한 개인이 태어나서부터 지금까지 보고 듣고 경험한 모든 것이 저장되어 있는 창고와 같다. 따라서 개인의 잠재의식은 다른 사람이 알지 못하는 영역이다. 잠재의식 속에서 무슨 생각을 하는지, 그 내면에 존재하는 것이 무엇인지, 본인 외에는 아무도 모르고 본인도 정확히는 모른다.

따라서 멘탈 헬스는 전적으로 자기 자신의 몫이다. 스스로 멘탈 강화의 중요성을 인식하고 꾸준히 노력해야 한다.

개인의 성공 의지가 아무리 강할지라도 잠재의식에서 성공 이미지를 수용하지 못하면, 성공은 불가능하다. 의지는 의식을 이기지 못하기 때문이다. "나는 할 수 있다"라고 아무리 고함을 쳐도, 마음속 깊은 곳의 잠재의식에서 성공을 수용하지 못하면 성공은 절대로 이루어지지 않는다.

멘탈 강화는 해병대식 극기 훈련으로 되는 것이 아니다. 내면 깊은 곳에 있는 진짜 자기 자신을 만나야 한다. 진짜 자신을 만나서 위로하고, 격려하고, 당당해질 수 있도록 힘을 주어야 한다.

남들은 잘 모르지만, 나는 선천적으로 멘탈이 매우 약한 사람이었다. 감정의 기복도 심하고, 알량한 자존심도 강하고, 트라우마도 많고, 집중력도 부족한 사람이라 이런 내 성향을 고치기 위해서 남모르는 노력을 많이 했다. 몸이 약한 사람이 자신에게 맞는 운동을 찾듯이, 나에게 맞는 마음 운동을 찾기 위해 종교도 가져보고, 다양한 명상 공부도 해보고, 마음 수련 센터도 여러 곳 찾아다녔다. 특히 세일즈를 하면서는 멘탈 강화의 필요성을 절실히 느꼈기에, 나름대로의 방식으로 멘탈 헬스를 꾸준히 해왔다. 이렇게 노력한 결과 이제는 남들에 비해 오히려 멘탈이 강한 사람이라 자부하게 되었다.

세일즈는 고객의 마음을 사는 일이고, 고객의 마음을 사기 위해서는 영업인 자신부터 강철 멘탈을 가져야 한다. 멘탈 헬스에서 내가 중요하게 생각하는 것은 자연의 에너지다. 사람도 자연의 일부분이다. 에너지가 떨어지면 자연에서 에너지를 받아야 한다.

아무리 힘든 일이 닥쳐도 회복 탄력성을 빠르게 하고 마음속에 항상 대자연의 에너지가 충만하도록 만드는 연습, 이것이 멘탈 헬스다. 멘탈은 무한한 자연의 성장 에너지다.

영업인을 위한 멘탈 헬스법 4가지

마음의 그릇을 키우는 운동이 멘탈 헬스다. 내 마음의 그릇을 키워야 그 안에 성공도, 행복도, 고객의 마음도 담을 수 있는 법이다.

일체유심조一切唯心造. 세상의 모든 일은 마음먹기부터 시작한다. 내가 지리산에 힐링센터를 두고 영업인들에게 마음의 중요성을 강조하는 이유도 여기에 있다.

영업인의 성공도 잠재의식에서 진정으로 성공을 받아들여야 이루어진다. 따라서 영업인들에게 마음 운동은 선택이 아니라 필수다. 지금부터 영업인을 위한 구체적인 멘탈 헬스 방법을 제시하겠다.

(1) 잠자기 10분 전에 이미지 트레이닝을 하라.

잠자기 전에는 휴대폰을 멀리하고, 대신 눈을 감고 좋은 이미지를 떠올려라. 과거의 행복했던 기억, 즐거웠던 추억, 미래에 성공한 모습 등 긍정적인 이미지를 의식적으로 떠올려라.

사람의 수면 패턴은 잠자는 내내 논렘(non REM)수면 4단계(얕은 잠에서 깊은 잠까지의 단계)를 거쳐 렘(REM, Rapid eye movement)수면 상태로 모드가 바뀌기를 반복한다. 렘수면이란 몸은 자고 있으나 뇌는 깨어있는 상태로, 전체 수면 시간의 25% 정도를 차지한다. 사람의 뇌는 이 렘수면 상태에서 가장 활성화된다. 따라서 잠들기 직전에 떠올린 생각은 렘수면 상태에서 연장되어 떠오른다.

사람의 뇌는 현실과 상상을 구분하지 못하는 경향이 있기 때문에, 잠들기 직전에 떠올린 생각을 명령으로 인식하고 렘수면 상태에서 생각 공장이 계속 가동된다. 예를 들어 공포영화를 보고 잠이 들면, 렘수면 상태에서 무서운 꿈을 꾸게 되는 것과 같은 현상이다.

따라서 잠들기 직전에 긍정적인 생각을 하면, 뇌 공장이 긍정적으로 가동되어 잠재의식이 좋은 쪽으로 바뀌게 된다. 실질적으로는 10분의 시간만 투자했지만, 잠자는 동안 뇌 공장에서 긍정의 메시지가 2시간(잠자는 8시간의 25%) 동안이나 가동되는 것이다. 정말 효과적이고 효율적인 방법이다.

(2) '알, 떨, 키'를 사용하라.

일상에서 일순간 일어나는 감정을 '알'아차리고, 부정적 감정은 '떨'쳐버리고, 긍정적 감정의 불씨는 '키'워나가는, 의식적인 노력을 해야 한다는 의미다.

다람쥐는 자기보다 빨리 달리는 동물을 만나면 자존심이 상할까? 내년에는 무엇을 먹고살지 걱정을 할까? 아마 그렇지 않을 것이다.

사람이기 때문에 자존심도 상하고, 시시때때로 불안감도 밀려들며, 미래에 대한 걱정도 생기는 것이다. 하지만 사람이기 때문에 안 좋은 감정을 의식적으로 떨쳐버릴 수도 있다.

안 좋은 감정이 일어나면 먼저 그 감정을 알아차려야 한다. '아, 내가 또 불안해하는구나.' '아 내가 또 우울해하는구나.' '아, 내가 또 다른 사람과 비교해 열등감을 느끼는구나.' 하고 일어나는 감정을 자기 자신과 이원화시켜 알아차리는 습관을 들여야 한다.

알아차린 후에는 나쁜 감정에서 최대한 빨리 빠져나올 수 있도록 의식적인 노력을 해야 한다. 산책을 하든지, 음악을 듣든지,

운동을 하든지, 친구에게 전화를 걸어 수다를 떨든지…….

반대로 좋은 감정의 불씨는 과장해서 표현하고 즐기면서 좋은 감정의 상태를 오래 지속시키기 위해 의식적인 노력을 해야 한다. 감정도 습관이다.

(3) 오감(눈, 귀, 코, 혀, 몸)에 집중하라.

사람들은 하루에 평균 6만 가지의 생각을 하고, 그 생각 중 98%는 내일 또다시 되풀이한다고 한다.

잡생각에서 벗어나 하나의 감각에 집중하는 연습을 해야 한다. 일상에서 감각 모드를 수동적인 상태에서 능동적인 상태로 바꾸는 시도를 해보라. 사물이 '보인다'에서 '본다'로, 소리가 '들린다'에서 '듣는다'로, 냄새가 '난다'에서 '맡는다'로, 맛이 '난다'에서 '맛본다'로, 몸의 감각이 '느껴진다'에서 '느낀다'로 감각 모드를 바꾸는 것이다.

풍경이 '보인다'에서 하나의 사물에 초점을 맞추고 응시해 '본다'로 시선을 집중한다. 예를 들어 예쁜 코스모스 꽃이 '보인다'에서 코스모스 꽃 수술의 떨림을 '본다'로, 시각 렌즈를 줌아웃에서 줌인으로 포커스를 맞춘다. 소리가 '들린다'에서 새소리를 '듣는다', 바람소리를 '듣는다'로 집중한다. 이렇게 오감에 능동적으로 집중하는 연습을 하면, 잡생각을 떨치고 현재 하는 일에 집중력을 높일 수 있게 된다.

다양한 고객을 상대해야 하는 영업인은 항상 감정의 동요 없이, 고도의 집중력을 유지해야 한다. 일상에서 시시때때로 오감에 집중하는 연습을 해보기 바란다.

'차를 마실 때는 차에 집중하고, 밥을 먹을 때는 밥에 집중하라.' 이것은 깨달은 자의 심오한 삶의 철학이자 성공자의 생활 방식이다.

(4) 호흡에 집중하라.

눈을 감고 천천히 깊게 숨을 쉬면서, 숨을 쉬고 있다는 사실을 의식적으로 느껴보라. 의식을 숨 끝에 가만히 얹어놓고, 천천히 들숨과 날숨을 쉬면서 세상에서 가장 소중한 자기 자신을 만나는 시간을 가져보라. 잡생각이 올라오면 그것을 알아차린 후 의식적으로 떨쳐버리고, 다시 의식을 숨 끝으로 가져와라. 이것이 내가 나를 만나는 가장 쉬운 방법이다.

호흡에 집중하는 훈련은 언제 어디서나 쉽게 할 수 있다. 지하철 안에서, 고객과의 상담 전에, 산책을 하다가 공기 좋은 곳에 앉아서, 하루에 딱 10분만 세상에서 가장 존귀한 자기 자신을 만나 스스로 에너지를 주는 시간을 가져보라. 이 단순한 행위가 멘탈을 강화하고 몸과 마음을 건강하게 바꿀 수 있다. 그래서 호흡 명상을 '고요한 혁명'이라 말한다.

이상 소개한 4가지 멘탈 강화법은 일상에서 마음만 먹으면 누구나 쉽게 할 수 있는 효율적인 방법이다. 몸이 약한 사람에게 운동이 필요하듯이, 멘탈이 약한 사람에게 마음 운동은 필수다. 나는 이 방법들을 일상 속에서 시시때때로 활용했고, 그 결과 멘탈이 강한 사람이라 자부하게 되었다. 이 책을 읽고 있는 영업인들도 꼭 실천해 보길 권유한다.

복이 와야 웃는 사람에게는 복이 오지 않는다. 복이 오지 않아도 웃을 줄 아는 사람에게 복은 찾아온다. 영업인의 멘탈도 마찬가지다. 외부 환경이 바뀐다고 영업인의 멘탈이 바뀌지 않는다. 영업인의 멘탈을 바꿔야 외부 환경이 바뀌는 것이다.

세상 모든 일에 그냥 되는 것은 없다. 내가 된다고 생각하니 되는 것이다. 된다고 생각하는 주체는 나의 마음이다. 그래서 영업인에게 마음 운동은 일상이 되어야 한다.

LESSON
3

세일즈
Technique
만들기

세일즈에 왕도는 없지만, 정도는 있다

먼저 기본부터 익혀라

세일즈는 실적을 만드는 일이다. 무조건 열심히 하는 것이 능사가 아니라, 제대로 하고 잘해야 된다. 주먹구구식 활동이 아니라, 먼저 정형화된 세일즈 프로세스부터 익혀야 한다.

세일즈 프로세스는 세일즈의 기본기에 해당된다. 운동에도 기본기가 중요하듯이, 세일즈에도 기본이 중요하다.

또한 세일즈는 결코 이론만으로 되는 일이 아니다. 기본을 익힌 후 실전에서 부딪쳐서 자신에게 적합한 세일즈 스타일을 찾아야 한다.

간혹 야구장에서 야구선수들의 타격 자세를 관찰하면 정말 재미있다. 삼진을 각오하고 배트를 길게 잡고 홈런을 노리는 선수,

배트를 짧게 잡고 단타를 치고 베이스로 질주하는 선수, 우스꽝스러운 오리궁둥이 폼으로 치는 선수, 한쪽 다리를 들고 치는 선수 등 어떤 방법으로든 목표는 하나다. 제각각 살아서 베이스를 밟아야 한다.

세일즈도 마찬가지다. 자신에 맞는 최적의 스타일로 최선을 다해 실적을 만들어야 한다.

일을 못하는 영업인들의 공통점 중 하나는 세일즈를 누군가에게 배우려고만 하는 것이다. 그래서 이 강의 저 강의, 이 강사 저 강사를 끝없이 찾아다닌다.

직업으로 세일즈 교육을 하는 강사들이 과연 필드에서도 세일즈를 잘할까? 솔직히 말해 내가 아는 세일즈 강사들 대부분은 실전 세일즈를 잘하지 못한 사람이거나, 대충 흉내만 내다가 강사가 된 사람들이다. 심지어 그러면서도 '자신에게 교육을 받으면 누구든지 억대 연봉자가 될 수 있다'고 허풍을 떠는 강사도 있다. 이런 사람들에게 현혹되지 말고, 스스로 자신에게 적합한 세일즈 스타일을 찾아야 한다.

먼저 기본부터 익혀야 한다. 기본을 바탕으로 한 응용만이 안정적이고 장기적인 실적을 담보한다. 'Back to the Basics'는 어떤 업종의 세일즈에서라도 성공의 철칙임을 명심해야 한다.

세일즈에 왕도王道는 없지만, 정도正道는 있다. 먼저 정도부터 익힌 후 자신만의 왕도를 찾아라.

세일즈 프로세스는 '진전'이다

세일즈를 잘하기 위해서는 먼저 기본적인 세일즈 프로세스를 익혀야 한다. 일반적인 세일즈 프로세스는 다음과 같이 7단계로 구분할 수 있다.

⑴ Prospecting(가망고객 발굴)

⑵ Approach(접근)

⑶ Fact Finding(정보 파악)

⑷ Presentation(제안)

⑸ Closing(계약 체결)

⑹ Referred Leads(소개 확보)

⑺ Customer Service(사후 관리)

일곱 개의 단계를 하나하나 구분해서 기본기를 익힌 후, 종합적으로 응용해서 자신의 것으로 만들고, 실전 적용을 통해 스스로 검증을 해야 한다. 세일즈 프로세스는 세일즈의 종류나 판매하는 상품에 따라서 일부 과정이 생략되기도 하고, 더 세분화되기도 한다.

일반적으로 소형 세일즈는 프로세스를 간소화하고 판매를 위한 푸시push에 집중하면 되지만, 대형 세일즈로 갈수록 프로세스를 더 세분화하고, 판매에 앞서 상품의 가치를 충분히 인식시켜야 한다. 여기서 내가 말하는 소형 세일즈란 상가나 노점 등에서 소액의 상품을 파는 일이고, 대형 세일즈는 지속적인 A/S가 필요한 상품이나, 장기간 거래 관계가 이루어지는 고액의 상품을 파는 일이다.

소형 세일즈는 영업인과 상품을 별도로 여기지만, 대형 세일즈에서는 영업인도 하나의 상품으로 생각한다. 또한 소형 세일즈는 구매 결정이 영업인 앞에서 곧바로 이루어지지만, 대형 세일즈로 갈수록 충분한 토의와 검토의 단계를 거쳐야 한다. 부서회의 및 임원회의를 통해 결정되기도 하고, CEO의 최종 결재가 필요한 경우도 있으며, 가족의 동의를 얻어야 할 수도 있다.

따라서 대형 세일즈일수록 최종 계약 체결까지의 프로세스를 한 단계씩 잘 진전시켜 나가는 노력이 필요하다. 여기서 먼저 '계속'과 '진전'의 차이를 알아야 한다.

예를 들어 "좋은 시간이었습니다." "큰 도움이 되었습니다." "고려해 보겠습니다." 등의 인사로 마무리되는 상담은 '계속'이다. '계속'으로 끝난 상담은 실패한 상담이다.

"다음 주 부서회의에서 이 부분을 보충해서 프레젠테이션을 부탁합니다." "사장님과의 미팅을 주선하겠습니다." "내일 제 아내에게도 한 번 더 설명해 주시기 바랍니다." 등 '진전'의 결과를 만들어야 성공한 상담이다.

상담의 목표는 '진전'이며, 진전이 없는 상담은 완벽한 실패다. 한 단계씩 점차적으로 진전시켜 최종 단계인 판매에 도달할 수 있도록 만드는 과정이 세일즈 프로세스다. 먼저 단계별 기본을 익힌 후 자신에게 적합한 세일즈 스타일을 찾아야 한다.

구매는
시소게임이다

효용을 높여라

구매는 시소게임에 의해 결정된다. 시소의 한쪽 면에 비용이 있고, 다른 쪽 면에는 효용이 있다. 구매자 입장에서는 비용이 상대적으로 낮든지, 효용이 상대적으로 높아야 상품을 구매하게 된다. 따라서 판매자(회사)는 가격을 낮추든지, 효용을 높여야 판매에 성공할 수 있다.

하지만 상품의 가격을 낮추는 전략은 누구든 쉽게 선택할 수 있지만, 종국에는 파멸을 초래할 수 있다. 판매의 궁극적인 목적은 수익 창출이기 때문이다. 또한 영업인의 입장에서 보면 비용, 즉 상품의 가격은 변화시킬 수 없는 요소다. 따라서 영업인은 오로지 효용을 높이는 데 전력을 쏟아야 한다.

효용은 다음과 같이 두 가지 종류로 구분할 수 있다.

(1) 상품의 효용을 높여야 한다.

상품의 성능이나 효과에 앞서 상품의 가치와 스토리를 팔아야 한다.

전 국민의 피로회복제 '박카스' 광고를 떠올려 보자. 광고 어디에도 제품에 대한 설명은 없다. 오랜 시간 박카스의 메시지는 딱 하나, '힘내자'였다. 대다수의 제약회사에서 수많은 드링크 음료를 판매하고 있지만 50년이 넘도록 박카스가 독보적인 매출 1위를 차지하는 비결은 바로 이 가치를 전달하는 스토리의 힘이다. 박카스는 업무에 지친 샐러리맨에게도, 실연의 아픔으로 방황하는 청춘에게도, 진상 고객을 응대하는 콜센터 직원에게도 '힘내자'라고 말한다.

초코파이는 포장에 '정情'이라는 스토리를 심었고, 일본의 아오모리 사과는 태풍에도 떨어지지 않는 사과라며 수험생에게 비싸게 팔았다. 외제차는 사회적으로 성공한 사업가의 이미지를 팔아야 하고, 캠핑 장비는 든든하고 멋진 아빠의 이미지를 팔아야 하며, 그리고 명품 백은 100년을 이어온 장인정신을 팔아야 한다.

상품의 다양성을 팔아서 효용을 높이는 방법도 있다. 예를 들어 볼펜의 본질은 필기도구지만 다르게 팔 수도 있다. 손으로 볼펜을 돌리면 놀이 도구가 되고, 가만히 쳐다보고 있으면 명상 도구가 되고, 호주머니에 꽂으면 액세서리가 되고, 책장에 세워두면 장식품이 될 수도 있다. 엉뚱하게 느껴질지 모르겠지만 발상의 전환이 중요하다는 뜻이다. 이렇게 상품의 다양성을 파는 것 또한 영업인 각자의 능력이다.

(2) 영업인 자신의 효용을 높여야 한다.

일반적으로 디지털 시대가 되면 온라인상으로 대부분의 거래가 이루어지기 때문에 영업인의 역할이 줄어들 것이라 예상했다. 하지만 경기가 안 좋은 가운데에도 대면채널의 매출은 오히려 성장하고 있다는 사실이 우리를 놀라게 한다.

온라인상에서 모든 회사들은 자사 제품이 가장 성능도 좋고 가격도 저렴하다고 선전하고 있다. 이처럼 과도하게 노출된 정보의 홍수 속에서 소비자는 오히려 옥석을 가리기가 더 어려워졌다. 그래서 영업인의 역할이 더 중요해진 것이다. 소비자들은 내심 영업인에게 제대로 컨설팅 받기를 원하고, 온라인상으로 느끼지 못하는 색다른 구매 경험을 하고 싶어 한다.

디지털 시대의 영업인은 고객이 선택하는 또 하나의 상품이다. 장기적으로 서비스가 필요한 계약, 지속적으로 재구매가 이루어지는 제품의 경우는 더욱 그렇다. 따라서 영업인 자체가 전문성과 차별성을 갖춘 매력적인 상품이 되어야 한다.

현대 사회는 무한 경쟁의 시대다. 다양한 채널에서 수많은 유사 상품을 팔고 있다. 인터넷, 홈쇼핑에서 더 싼 가격으로 살 수 있는 상품도 군이 영업인에게 구매하는 이유는 돈으로 환산할 수 없는 또 다른 가치가 있기 때문이다.

영업인은 자신만의 경쟁력 있는 효용을 갖추기 위해 부단히 노력해야 한다.

가치 전달력이 세일즈 테크닉이다

우리는 인류 역사상 물질적으로 가장 풍요로운 시대에 살고 있다. 이제 소비자는 필요에 의해 사는 것이 아니라, 소비 그 자체를 즐긴다.

미래학자 토머스 프레이는 미래를 '경험이 움직이는 시대'라 말한다. 사람들은 이제 물질을 소유하기보다 좋은 경험을 원한다. 물건은 구입 후부터 싫증이 나지만, 좋은 경험은 시간이 지나도 행복한 기억으로 남기 때문이다. 따라서 영업인은 '고객에게 무엇을 팔 것인가'보다는 '어떤 기억으로 남을 것인가'를 고민해야 한다.

훌륭한 영업인은 상품보다는 다양한 경험과 가치를 팔아 고객을 행복하게 만드는 사람이다. 당신이 파는 상품에 경험이라는 또 하나의 가치를 끼워서 팔아라.

영업인은 상품의 효용과 자신의 효용을 고객에게 전달해 구매로 연결시켜야 한다. 이 효용을 잘 전달하기 위해서는 영업인의 역할이 '정보 전달자'에서 '가치 전달자'로 바뀌어야 한다.

가치는 눈에 보이지는 않지만 강력한 설득력을 가지고 있다. 아무리 좋은 상품이라도 그 가치를 고객에게 전달할 수 없으면 구매는 이루어지지 않는다. 이 가치 전달력이 바로 세일즈 테크닉이다.

유능한 영업인은 가치가 가격을 이기게 만드는 사람이다.

심리학적 관점의
세일즈 기법

어떤 엘리트 검사가 있었다. 그는 우연히 술집에서 만난 여성과 술김에 눈이 맞아 잠자리를 가졌다.

그 일이 있은 얼마 후 검사는 모르는 사람에게 한 통의 전화를 받았다. 바람피운 것을 폭로하지 않는다는 조건으로 폭력용의자를 풀어달라는 요청이었다. 전화를 끊고 사실 확인을 해보니, 쌍방이 합의를 끝낸 단순한 폭력사건이어서 쉽게 해결해 주었다.

며칠 후 전화한 사람이 찾아와 바람피운 사실은 비밀로 하겠다고 약속하고, 폭력사건을 해결해 준 사례로 1천만 원을 두고 갔다. 상대방과 헤어진 후에야 돈 봉투를 발견한 검사는 돈을 돌려줄 방법이 없었다.

얼마 후 또 그 사람에게서 전화가 걸려왔다. 이번에는 조직폭력배 소탕작전에 대한 수사 정보를 요청했고, 급기야는 마약 거래를 눈감아 달라는 요구를 하기에 이르렀다. 검사는 어쩔 수 없이 범죄의 늪에 빠져버리고 말았다.

이상은 어느 영화의 스토리인데, 이런 사례는 사람의 심리가 인생 전반에 얼마나 큰 영향을 미치는지 잘 보여준다.

이러한 심리를 세일즈에 활용하면 좋은 결과를 만들 수 있다. 먼저, 잘 알려진 심리학적 세일즈 기법들을 소개한다.

문간에 발 들여놓기 Foot in the Door Technique

'작은 부탁이 통하면 큰 부탁도 통한다.'

심리학자 프리드먼 교수가 이런 실험을 했다. 미국 캘리포니아의 가정주부들에게 전화를 해서, 가정에서 사용하는 가전제품들에 대한 질문 몇 가지에 답변을 부탁했다. 사흘 뒤에 그 지역 주부들에게 다시 전화를 해, 사용하는 제품의 개수를 일일이 세어보기 위해 가정방문을 하고 싶으니 허락해 줄 것을 부탁한 결과, 전화 응답을 해준 주부들이 그렇지 않은 주부에 비해 부탁을 들어주는 확률이 두 배 이상 높다는 사실을 알았다.

또 다른 실험도 있다. 캘리포니아의 도로변에 있는 주택들을 방문하여 집 창문에 '안전운전을 합시다'라고 적힌 작은 스티커를 붙이게 해달라고 부탁을 하니, 거의 대부분의 집주인들이 허락을 해주었다. 이후 스티커를 붙인 집과 붙이지 않은 집을 방문해서 '안전운전을 합시다'라고 적힌 입간판을 집 앞마당에 세울 수 있도록 허락해 달라고 요청했다. 그 결과 스티커를 붙인 집은 76%가 수락했으나, 붙이지 않은 집은 17%만이 수락했다. 응종률이 무려 4배 이상 차이가 났다.

이 실험들의 교훈은 원하는 바가 있다면 그 목적은 뒤로하고, 일단 들어주기 쉬운 것부터 요구하라는 것이다.

문간에 발 들여놓기 기법은 영업인이 접근^{approach} 단계에서 유용하게 활용할 수 있다. 설문 요청, 샘플 제공, 세미나 참석, 체험 교실, 이벤트 참가 등 다양한 방법으로 고객에게 작은 요청을 한 후 상담을 진전시켜 나가면 판매 확률을 높일 수 있다.

목적을 이루고 싶다면 일단 문간에 발부터 들여놓아야 한다.

문간에 머리 들이밀기 Door in the Face Technique

'큰 요구를 먼저 하면 작은 요구가 통한다.'

휴가철에 아내가 남편에게 유럽으로 여행을 가자고 요구하자 남편은 거절을 했다. 거절 후 남편은 미안한 마음이 들어, 결국 필리핀으로 여행지를 결정했다. 사실 아내는 처음부터 필리핀에 가고 싶었다. 하지만 처음부터 필리핀 여행을 요구하면 목적을 이루지 못한다는 사실을 잘 알고 있었다. 아내는 유능한 영업인이다.

심리학자들은 다음과 같은 실험을 진행한 적도 있다. 우선 특정 자선단체에서 주민들을 무작위로 세 부류로 나눈 뒤, 이들에게 각각 조건을 달리하여 불우이웃 돕기 자선활동을 부탁했다. 먼저 A그룹의 주민들에게는 자선활동이 '5시간짜리인데 1시간만' 도와달라고 부탁하고, B그룹의 주민들에게는 그냥 처음부터 '1시간'을 부탁했다. 마지막 C그룹의 주민들에게는 '5시간이나 1시간 중 선택을 하도록' 부탁했다. 이에 대한 응종률은 A그룹이 50%, B그룹이 16%, C그룹이 25%였다.

이 실험 역시 큰 요구를 먼저 하면 작은 요구가 쉽게 통한다는 사실을 잘 보여준다. 이 실험의 교훈은 목적을 이루기 위해서는 일단 상대방이 들어주기 어려운 요구부터 먼저 하라는 것이다.

이 기법은 우리가 매일 경험하는 각종 흥정에서도 쉽게 확인할 수 있다. 옷 가게의 주인이 "10만 원인데 손님께는 특별히 8만 원에 해드릴게요"라고 말하는 것이 여기에 해당한다. 비싼 물건을 싸게 산다는 심리적 만족감에 소비자들은 애초에 8만 원이라고 했을 경우보다 더 쉽게 지갑을 열게 된다.

물건을 살 때도 이런 원리를 잘 이용하면 실속을 챙길 수 있다. 실제로 중국이나 동남아 여행을 가서 흥정을 잘하는 사람은 같은 물건을 남보다 훨씬 싸게 사곤 한다. 길거리 잡상인이 물건값을 만 원이라고 말하면, 이들은 "2천 원이면 사겠다"고 운을 뗀다. 당황한 상인이 6천 원을 요구하면 "2천 원씩 양보해서 4천 원에 합시다"로 흥정을 마무리한다.

세일즈의 최종 단계인 클로징에서 이 기법을 활용하면 계약체결 확률을 높일 수 있다. 예를 들면, 높은 가격의 상품부터 소개한 후 낮은 가격의 상품을 제안하기, 매월 100만 원을 불입하는 금융상품을 제시한 후 깎아주면서 최종 50만 원으로 확정하기, 풀세트 상품을 설명한 후 꼭 필요한 단일 상품을 권유하기 등 어떤 업종이든 다양하게 응용이 가능하다.

이 기법에서 주의해야 할 점은, 상대방이 수긍하기 어려울 정도로 지나치게 높은 수치를 제시하면 안 된다는 점이다. 상대방이 수용 가능한 적절한 수치를 찾는 것이 클로징의 요령이다. 목적을 이루기 위해서는 일단 문간에 머리를 들이밀어야 한다.

구매의 4가지 심리

고객은 상품을 구매할 분명한 이유가 있어야 자신의 지갑을 연다. 상품을 사는 4가지 심리에 대해 알아보자.

첫째, 이익이 되어야 산다. 가격 대비 성능이 좋든지, 이 매장에서 사는 것이 저 매장에서 사는 것보다 이익이 되든지, 오늘 사는 것이 내일 사는 것보다 이익이 되든지 등 어떤 형태로든 구매하는 것이 이익이 된다는 판단이 서야 산다.

둘째, 손해가 되면 산다. 이익과 반대의 개념이지만, 더 강력한 효과가 있다. 지금 안 사면 손해라는 판단이 서면 고객은 당장 지갑을 열게 된다. 홈쇼핑의 한정 판매(물량 한정, 기간 한정)나 백화점의 바겐세일 등이 효과를 보는 이유가 여기에 있다. 사람의 심리는 이익을 얻는 것보다 손해를 보는 것에 더 강력한 반응을 한다. 고객은 새로운 것을 얻는 기쁨보다 자신의 것을 잃는 두려움에 상품을 산다.

셋째, 사람을 보고 산다. 고객은 상품보다 오히려 사람을 사는 경향이 크다. 특히 우리나라 사람들은 혈연, 지연, 학연 등의 인간관계가 구매 결정에 큰 영향을 미친다. 친밀한 관계라면 다소 손해를 보더라도 구매를 하는 심리가 여기에 해당된다. 또한 고객은 영업인을 상품으로 본다. 편안한 영업인, 믿을 수 있는 영업인, 전문가다운 영업인, 매력적인 영업인은 고객이 선택하는 또 하나의 상품이다.

넷째, 가치가 있으면 산다. 고객은 구매의 비합리성, 이중성을 가지고 있다. 때로는 가격보다 가치를 더 중요시한다. 보장성 보험은 가족 사랑의 가치를 사고, 외제차는 성공한 이미지를 사며, 화장품은 피부 미인의 아름다움을 산다.

여기서 중요한 점은 구매의 4가지 심리적 요소, 즉 이익, 손해, 사람, 가치가 고객의 주관적인 판단이라는 점이다. 이 부분에서 영업인의 역할이 있다.

고객은 어떤 영업인을 만나느냐에 따라 구매 심리가 달라진다. 유능한 영업인은 고객의 구매 심리를 정확히 파악하고, 지금 당장 사야 할 분명한 이유를 확신하게 만드는 사람이다.

콜드 리딩과 핫 리딩

콜드 리딩cold reading은 상대방에 대한 사전정보가 없는 상태에서 대화를 통한 심리적 트릭을 구사하여 상대방의 마음을 간파하는 기술이다. 점쟁이, 가짜 심령술사, 사이비 종교 교주들이 악용하는 기법이기도 하다. 이들은 미래를 내다보는 신통한 재주를 지닌 것이 아니라, 대부분 유능한 콜드 리더들이다.

예를 들어 당신이 유명한 점집을 방문했다고 해보자. 보자마자 점쟁이가 불쑥 말을 던진다.

"요즘 마음고생이 많구먼. 마음에 수심이 가득해."

점쟁이가 이렇게 말하면 기가 약한 사람은 그 한마디에 "어떻게 아셨죠?" 하고 스스로 무장해제 해버린다. 그러나 생각해 보라. 당연히 고민거리가 있으니 점집을 찾는 거 아니겠나?

이번에는 점쟁이가 "사람에 대한 상처가 가장 아픈 법이야"라고 말한다. 그런데 이건 아니다. 나는 돈 문제로 점집을 찾았기 때문이다. 그래서 "아닌데요, 저는 돈 문제로 왔는데요."라고 말한다. 그러면 점쟁이가 당황할까? 아니다. "돈이 무슨 죄가 있나? 사람이 문제지!"라고 말한다. 가만히 생각해 보면 맞는 말이다. 대부분의 돈 문제는 사람하고 연결되어 있기 때문이다.

"어릴 적 집 뒷마당에 복숭아나무가 한 그루 있었지?"라는 질문에 "없었는데요"라고 답하면, "있었으면 큰일 날 뻔했어"라고 응대하는 것과 똑같은 수법이다. 이렇게 점쟁이들은 대화의 주제나 범위를 넓혔다 좁혔다 하면서 상대방의 마음을 간파해 나간다.

인간사의 모든 고민거리는 네 가지 카테고리 속에 있다. 돈, 사람, 꿈(직장이나 목표), 건강이다. 이 네 가지 인간사의 문제를 줌아웃Zoom Out에서 줌인Zoom In으로, 줌인에서 줌아웃으로 범위를 조절하면 상대방의 마음을 알아낼 수 있다(이시이 히로유키 지음, 『콜드리딩』 참고).

세일즈는 마음을 사는 일이다. 고객이 마음속 깊은 곳의 고민을 영업인에게 터놓는 순간 서로의 관계는 한층 돈독해진다.

콜드 리딩과 반대되는 개념으로 핫 리딩hot reading이 있다. 상대방에 대한 정보를 사전에 충분히 파악한 후, 마음을 읽는 것처럼 가장하는 기술이다.

가짜 점쟁이나 사이비 교주들은 대부분 손님의 신상정보를 제공해 주는 브로커를 두고 있다. 상대방의 패를 완전히 읽고 고스톱을 치는 것과 같다. 당연히 상대방은 만나자마자 무장해제 되어

버린다.

핫 리딩은 영업인들이 고객과 친해지기 위해서 선의로 활용해야 하는 중요한 기법이다. 고객을 만나기 전에 소개자를 통해서 고객에 대한 다양한 정보를 최대한 많이 확보해야 한다. 취미, 종교, 관심사, 가족관계, 경제력, 출신학교 등의 정보뿐만 아니라 인터넷이나 SNS 등을 통해서도 다양한 정보를 수집할 수 있다. 사무실이나 가정방문 시에는 진열되어 있는 책이나 상패, 액자의 사진이나 수료증, 자격증, 인테리어 등을 유심히 살펴보면 그 속에서도 많은 정보를 얻을 수 있다. 주의할 점은 고객에게 뒷조사를 한 것 같은 불쾌감을 주면 안 된다는 점이다.

핫 리딩을 잘 활용하면 성의 있게 상담준비를 한 유능한 영업인으로 평가받을 수 있다. 상담 전 고객에 대해 충분히 아는 것은 고객에 대한 영업인의 예의다. 사전정보를 바탕으로 화법과 자료를 준비하면 전문가다운 상담을 할 수 있고, 당연히 상담의 주도권도 가질 수 있다.

콜드 리딩과 핫 리딩을 합치면 고객의 마음을 사는 막강한 파워를 얻게 된다. 유능한 영업인이 되기 위해서는 먼저 유능한 콜드 리더, 핫 리더가 되어야 한다.

클로징은
타이밍이다

우리 모두는 각자의 분야에서 최고의 영업인이 되어야 한다. 강사는 강연을, 의사는 의술을, 개그맨은 웃음을, 식당 주인은 맛과 서비스를, 성직자는 설교를, 처녀 총각은 자신의 매력을 상대방에게 팔아야 한다. 잘 팔기 위해서는 우선 상대방의 마음을 잘 사야 한다.

프로 영업인이 판매 확률이 높은 이유는 이들이 내면 세일즈의 달인이기 때문이다. 내면 세일즈는 고객의 마음을 '사는 일'이다.

일차원적인 영업, 소형 영업에서는 외면 세일즈만 잘하면 된다. 최대한 짧은 시간 안에 제품을 팔면 끝이다. 이들의 세일즈에서는 클로징이 거의 전부다.

하지만 대형 영업, 고급 영업으로 갈수록 이런 밀어붙이기식 세일즈는 통하지 않는다. 고객의 마음을 사야만 판매가 가능하기 때문이다. 대형 영업에서는 내면 세일즈에 성공하지 않으면 절대 외면 세일즈로 나아갈 수 없다.

대장간의 대장장이는 쇠가 시뻘겋게 달구어졌을 때 비로소 망치로 사정없이 두들겨서 칼을 만든다. 프로 영업인이 판매를 잘하는 이유는 달구어졌을 때 두드리기 때문이다.

신뢰 형성의 5단계

고객의 마음을 사는 과정은 5단계로 구분할 수 있다. 전혀 모르는 잠재고객을 만나서 친해지는 단계별 과정을 살펴보자.

맨 처음 영업인이 고객을 만났을 때의 분위기는 어색하고 차갑고 냉정하다. 고객의 반응은 '무슨 일이죠?' '바쁩니다.' '필요 없어요.' 등으로 싸늘하다.

두 번째 단계는 형식적이고 의례적이다. 고객의 반응은 '검토해 보겠습니다.' '자료만 보내주세요.' '두고 가세요.' 등으로 여전히 대화를 꺼린다.

세 번째 단계는 약간 호의적이고 조금 따뜻하다. 만나 주고 들어 주기는 하지만, 마음의 경계를 풀지 않는다.

네 번째 단계는 협력적이고 호의적이다. 비로소 고객은 마음의 문을 열어 수긍하고 인정하며 간혹 조언도 해준다.

마지막 단계는 따뜻하고, 친밀하다. 영업인을 기다리고 지인을 소개해 주며 후원자 역할을 자청한다.

이렇게 영업인의 노력에 따라 고객의 분위기나 반응이 서서히 바뀌어 간다.

먼저 영업인은 고객과의 신뢰형성 단계를 냉정하고 객관적으로 인지해야 한다. 그리고 이 단계를 수치화하고 고객별로 현재의 상태를 측정, 평가하는 습관을 가져야 한다.

고객과의 신뢰 형성이 1~3단계인 상태에서 상품을 권유하면 판매를 할 수 없을 뿐만 아니라, 고객은 아예 마음의 문을 닫아버린다. 영업인은 항상 고객과의 신뢰관계를 다음 단계로 진전시키기 위해 무엇을 할 것인가에 집중해야 한다. 그리고 드디어 신뢰형성이 4~5단계에 진입했다고 확신하는 시점에 클로징을 해야 한다.

여기서 유념해야 할 것은 클로징 타이밍이다. 4~5단계에서 클로징 타이밍을 놓치고 6~7단계로 넘어가 버리면, 오히려 판매 확률이 낮아진다. 남녀 간의 연애도 분위기가 무르익었을 때 프러포즈를 해야지, 타이밍을 놓치면 친구 관계로 진전되어 사랑의 감정이 오히려 식어버리는 이치와 같다.

고객과의 관계도 너무 친해지면 배려의 감정이 사라져 버리고, 진지하게 클로징을 해도 대수롭지 않게 거절을 하게 된다. 남녀 관계든 고객 관계든 타이밍이 중요하다. 고객과의 신뢰관계를 4~5단계까지 진전시킨 후 강하게 클로징을 해야 판매 확률을 높일 수 있다.

클로징 타이밍 3가지

축구와 세일즈는 유사한 점이 많다. 무엇보다 결과를 만들어야 한다는 점에서 그렇다. 축구는 골을 만들어야 하고, 세일즈는 실적을 만들어야 한다. 결과를 만들기 위해 축구에서는 슈팅 타이밍이 중요하고, 세일즈에서는 클로징 타이밍이 중요하다.

유능한 스트라이커의 특징은 무엇일까? 첫째, 슈팅 타이밍을 잘 포착한다. 흔히들 이를 동물적인 감각이라고 말한다. 둘째, 슈팅 타이밍을 잘 만든다. 슈팅 기회를 스스로 만들어 내는 능력이다. 셋째, 슈팅 타이밍에는 과감히 슛을 날린다.

손흥민 선수도 완전한 기회가 오기 전에는 슛을 하지 못하고 머뭇거리는 습관이 있었다. 이 습관을 고쳐서 기회가 왔을 때 무조건 슈팅을 하게 되면서 유능한 골잡이가 되었다고 스스로 말한다.

그렇다면 유능한 영업인의 특징은 무엇일까?

첫째, 클로징 타이밍을 잘 포착한다. 고객의 미세한 순간적인 반응을 잘 읽어내는 능력이 있다.

둘째, 클로징 타이밍을 잘 만든다. 진전을 통해 클로징 타이밍을 잘 만들어 낼 줄 아는 능력이 있다.

셋째, 클로징을 할 때는 과감히 한다. 클로징 타이밍이 왔을 때는 강력하게 밀어붙인다.

클로징 타이밍은 3가지로 구분할 수 있다. 순간적 타이밍, 상황적 타이밍, 관계적 타이밍이다.

순간적 타이밍이란, '구매 결정은 급행열차가 교차하는 순간에 이루어진다.' 이 짧은 순간을 잘 포착해야 한다는 의미다. 예를 들면, 고객이 '설명에 귀를 기울인다.' '상품에 대해 질문을 한다.' '자료를 유심히 살펴본다.' 등의 반응뿐 아니라 고객의 미세한 표정, 몸짓, 말투 등의 변화를 읽고 긍정적인 신호를 잘 포착해야 한다.

상황적 타이밍이란, 고객의 신변이나 주변 상황의 변화를 잘 살펴야 한다는 의미다. 결혼, 진급, 이사, 퇴직, 질병, 사고 등 일상의 변화는 물론이고 상속을 받거나 목돈이 생기는 재정적인 변화에 따라 상품의 니즈도 새롭게 생긴다. 상품이 필요한 상황이 되었을 때는 필요한 상품으로 클로징을 해야 판매 확률을 높일 수 있다.

관계적 타이밍이란, 고객의 마음을 사는 다섯 단계(①냉정한 반응

→②형식적 반응 → ③약간 호의적 반응 → ④호의적 반응 → ⑤친밀한 반응)를 잘 진전시켜, ④~⑤단계에 진입했을 때 클로징을 해야 한다는 의미다. 먼저 마음을 사야 상품을 팔 수 있다. 고객의 신뢰를 얻고, 고객과의 친밀도를 한 단계씩 진전시켜야 한다. 축구에 비유하면, 드리블을 해서 슈팅 가능 지역까지 전진한 후 슛을 날려야 한다.

세일즈는 타이밍이다. 프로세스로 보면 '관계적 타이밍 → 상황적 타이밍 → 순간적 타이밍' 순이다. 고객과의 관계를 한 단계한 단계 진전시켜 관계적 타이밍을 만들고, 경청과 소통으로 상황변화 타이밍을 잘 파악하며, 고객의 미세한 반응을 감지하여 순간적인 타이밍이 왔을 때 강하게 클로징을 해야 한다.

클로징은 너무 빨라도 안 되고, 너무 늦어서도 안 된다. 적절한 타이밍이 생명이다. 세일즈의 하이라이트는 클로징이다. 결과는 그다음의 문제다.

홍보사원과 영업사원의 차이

열심히 활동은 하지만 실적이 없는 영업인들의 문제점은 대부분 클로징에 있다. 신입 영업인인 K씨의 활동 사례를 살펴보자.

세일즈를 잘하기 위해서 우선 가망고객을 많이 확보해야겠다고 생각해 다양한 활동을 시작한다. 초등학교 동창회 총무 역할도 자청하고, 친구 계모임에서는 회장 역할도 하고, 와인모임과 골프모임 등 다양한 동호회 활동뿐만 아니라 봉사단체에도 가입하고, 종교생활도 다시 시작했다. 모임에서 맡은 직책만 10여 개나 된다.

이제 그의 하루 일과를 살펴보자. 아침 일찍 사무실에 출근해서 SNS로 모임을 공지하고, 회비 누락자에게 전화해서 회비 납부를 독려한다. 사무실을 나와서는 부지런히 동호회 활동과 봉사 활동을 하고, 밤에는 각종 모임에 참가한 후 뒤풀이를 마치고 자정이 되어서야 귀가한다.

하지만 잠자리에 누워 가만히 하루 일과를 돌아보니, 분명히 정신없이 많은 활동을 했는데도 왠지 모르게 마음이 허전하다. 많은 사람을 만났지만, 자신이 하는 일에 대해서는 아무에게도 말하지 않았기 때문이다. 그래도 스스로 위안을 한다.

"나는 열심히 일하고 있어. 사람들은 나를 신뢰하고 좋아하게 될 거야. 이렇게 인간관계를 맺어놓으면 언젠가는 실적도 만들어질 거야."

이것은 실패하는 영업인들의 전형적인 활동 사례다.

영업인은 팔아야 하는 사람이다. 그리고 팔기 위해서는 클로징(권유)을 해야 한다. 사든지 안 사든지는 고객의 마음이지만, "사십시오!"라고 외치는 것은 영업인의 일상이 되어야 한다. 시장에 가보면 옷장수는 옷 사라고 외치고, 사과장수는 사과 사라고 외친다. 어느 누가 안 사준다고 자존심 상해하고 화를 내는가? 오로지 팔기 위해 노력할 뿐이다.

당신이 파는 상품이 부동산이든 금융상품이든 그 어떤 유형·무형의 서비스든 간에, 팔기 위해서는 "사십시오!"라고 외쳐야 한다. 아무리 고객에게 신뢰를 얻고 상품 설명을 잘해도 "그럼 잘 생각해 보시고 연락 주십시오"라고 말한다면, 영업사원이 아니라 홍보사원이다. 홍보사원과 영업사원의 차이는 실적의 차이다.

세일즈는 결과를 만드는 일이다. 고객의 눈을 똑바로 쳐다보고 "사십시오!"라고 외쳐라.

성공하는 영업인의
세일즈 화법

세일즈 자료와 화법을 미리 준비하자

두 명의 농부가 논에서 벼를 베고 있다. 한 사람은 허리도 펴지 않고 열심히 일하고, 다른 한 사람은 논두렁에 앉아서 쉬어가며 일을 한다.

하지만 저녁에 수확량을 비교해 보니, 오히려 쉬면서 일한 농부의 벼가 훨씬 더 많았다. 이유는 무엇일까? 정답은 쉬면서 낫을 갈았기 때문이다.

세일즈도 마찬가지다. 열심히 고객도 만나고 상담도 하는데 실적이 없는 영업인들이 있다. 이들 또한 무딘 낫으로 일을 해서 그렇다. 상담 대비 판매 확률을 높여야 한다. 그러기 위해서는 농부가 낫을 갈듯이, 상담을 위한 사전 준비를 철저히 해야 한다.

먼저 세일즈 자료를 준비해야 한다. 회사에서 나오는 각종 팸플릿이나 브로슈어는 기본이고, 상담 목적에 맞는 자료와 고객의 니즈에 부합하는 제안서를 정성껏 만들어야 한다. 자료는 단순하면서도 핵심적인 내용이 담겨 있어야 하고, 무엇보다 정확해야 한다. 의외로 신문이나 인터넷에는 검증되지 않은 잘못된 정보가 많다. 따라서 통계나 정보를 인용할 때는 철저한 사실 확인이 기본이다. 또한 자료는 고객이 이해하기 쉬워야 하고, 수긍할 수 있어야 한다.

그리고 자료와 함께 세일즈 화법을 준비해야 한다. 첫 만남 시의 어색한 분위기를 깨줄 가벼운 대화^{Ice Breaking}로부터 시작해 상담의 종결^{Closing}에 이르기까지 세일즈 프로세스에 맞는 기승전결의 정형화된 시나리오가 있어야 한다. 또한 다양한 거절에 대비한 화법도 철저히 준비해야 한다. 사전에 예상되는 거절의 유형별 응대 화법을 만든 후 그것을 외우고, 감정을 실어 내 것으로 만들어야 한다.

고객과의 상담은 자료가 제시하는 사실에 세일즈 화법을 가미하는 행위다. 음식으로 비유하면 세일즈 자료는 원재료이고, 세일즈 화법은 양념이다. 원재료도 잘 준비해야 하지만, 양념을 잘해야 맛이 나는 법이다.

세일즈는 무작정 열심히 고객만 만난다고 실적이 만들어지는 일이 아니다. 영업인은 활동에 나서기 전에 먼저 어떤 목적으로 어떤 화법을 사용할 것인지를 세심하게 준비해야 한다. 잘 준비한 세일즈 화법이 상담을 진전시키고, 판매에 이르게 한다.

화법의 조미료

세일즈 화법은 고객을 설득할 목적으로 사용된다. 고객을 설득하는 말은, 사실만을 말하기보다는 사실에 적절한 수식어를 붙여서 말하는 것이 효과적이다. 바로 이 수식어가 '화법의 조미료'다. 영어로는 시즐^{sizzle}이라고 한다.

예를 들어 '고기가 익는다' '찌개가 끓는다'라는 사실적인 표현에 '지글지글'이나 '보글보글'을 첨가해 '고기가 지글지글 익는다' '찌개가 보글보글 끓는다' 식으로 표현해 보자. 그러면 듣기만 해도 고기가 맛있게 익고, 찌개가 먹음직스럽게 끓고 있다고 생각될 것이다. 바로 이 '지글지글'과 '보글보글'이 시즐이며 화법의 조미료다.

좀 더 예를 들면, 사랑하는 아내에게 "당신은 눈이 참 예뻐" 하고 눈이 예쁘다는 사실만을 표현하기보다 "당신의 눈은 백조가 노니는 호수 같아. 난 그 호수에 빠진 적이 한두 번이 아니야."라고 시즐을 붙여 말하면 농담이라 하더라도 아내는 감동할 것이며,

그 효과는 엄청날 것이다.

이와 같이 똑같은 사실[fact]이라도 적절한 조미료를 첨가해야 상대방의 마음을 움직이는 화법이 된다. 우리가 가진 팸플릿은 하나같이 사실만을 기재해 놓았기 때문에, 이것만 배포해서는 판매가 안 된다. 영업인의 세일즈 활동은 팸플릿이 제공하는 사실에 조미료를 첨가하는 행위, 즉 화법을 전개하는 일이다.

화법의 조미료는 실적을 증가시키는 요소이므로, 열심히 개발해야 한다. 다만 음식이든 화법이든, 조미료가 지나치면 그 맛을 오히려 잃는다는 점에 유의해야 한다.

약장수 세일즈 화법

어릴 적에 시장에서 약장수가 약을 파는 모습을 본 적이 있는가? 지금 가만히 생각해 보면 그들은 정형화된 강력한 세일즈 화법을 가지고 있었다. 약장수의 세일즈 화법은 4단계다.

약장수는 화법을 전개하기 전에, 우선 어색한 분위기를 깨기 위해 세일즈의 마당을 깐다. 제품과는 전혀 관련이 없는 마술 쇼나 차력 쇼, 원숭이 쇼 등을 통해 일단 잠재고객의 흥미를 유발시킨다. 군중이 모이기 시작하고 분위기가 무르익으면, 본격적으로 세일즈 화법을 전개한다.

1단계, "애들은 가라." 제품을 살 가능성이 있는 사람, 즉 가망 고객을 가려내는 작업이다.

2단계, "이 약으로 말씀드릴 것 같으면······." 사례를 들어가며 제품의 효능을 재미있고 실감 나게 설명한다.

3단계, "날이면 날마다 오는 게 아니야." 기간 한정, 수량 한정, 특별 가격, 특별 판매 등을 통해 즉시 구매 시의 이득을 나열한다. 홈쇼핑에서 많이 사용하는 기법이다.

4단계, "일단 한번 잡쉬봐." 자연스러우면서 강한 클로징 화법이다. 일단 한번 사용해 보고 선택해도 된다는 강력한 클로징 방법이다. 사용 후 반품 가능, 계약 철회를 약속한다.

약장수의 세일즈 화법은 체계적이고, 자연스럽고, 강력하다. 그래서 안 사야지 하면서도 결국 사게 되는 것이다. 이런 의미에서 보면 약장수 화법은 세일즈의 교과서다.

영업인에게 정형화된 세일즈 화법은 필수다. 첫 대면부터 상품을 판매하는 최종 과정까지, 기승전결의 시나리오를 만들어야 한다. 그리고 거절 응대 화법, 클로징 화법 등의 결정적인 마무리 화법을 준비해야 한다.

화법에는 감정이 실려야 한다. 시집을 보고 읽는 시와 외워서 읊는 시는 듣는 이의 입장에서 감동이 다르다. 노래방 화면을 보고 따라 부르는 노래와 외워서 부르는 노래는 듣는 느낌이 완전히 다르다. 전하고자 하는 메시지가 내 것으로 체화되고 감정이 실려야 듣는 이가 감동한다. 그래서 가수는 무대에 오르기 전에 최대한 가사에 몰입을 한다. 복장도 외모도 감정도 가사에 오롯이 집중한다.

세일즈도 마찬가지다. 유형의 상품이든 무형의 상품이든, 세일즈 자료가 제공하는 사실에 영업인의 화법이 가미되어야 판매가 이루어진다. 세일즈 프로세스에 맞는 정형화된 화법은 물론이고 이를 표현하는 표정, 눈빛, 말투, 말의 고저장단, 입술의 떨림, 볼의 홍조까지 연출해 낼 줄 알아야 한다. 이것이 프로 영업인의 세일즈 화법이다.

세일즈 화법은 단단하게 닫혀 있는 고객 마음의 문을 여는 강력한 무기다. 쉼 없이 개발하고 연마해야 한다.

제대로
질문하라

유능한 영업인은 고객을 만나기 전에 질문을 준비하고, 무능한 영업인은 고객을 만나기 전에 설명을 준비한다. 설명하기 전에 질문부터 해야 한다. 질문은 대상이나 상황에 맞게 적절히 구사해야 좋은 효과를 얻을 수 있다.

상황에 맞는 질문 화법

(1) 개방형 질문 / 한정형 질문

개방형 질문은 고객에게 대화의 주도권을 넘겨주는 질문이며, 고객이 주관식으로 답변을 하게 한다. 반면에 한정형 질문은 영업인이 주도권을 쥐는 질문으로, 고객이 '예, 아니오'나 사지선다형으로 답하게 한다.

예를 들어, "고객님은 상품을 구매할 때 가장 중요하게 생각하는 요소가 무엇입니까?" "현재 사용하고 있는 제품에 만족한 점과 불만인 점은 어떤 것이 있을까요?" 등의 개방형 질문은 고객의 답변을 유도하고, 고객이 많은 이야기를 하게 만든다.

반면에 "상품을 선택할 때 가장 중요한 기준은 가격이겠죠?" "아마 현재의 제품이 사용하기에 불편하실 겁니다. 그렇죠?" 등의 한정형 질문은 고객이 단답형으로 답하게 하고, 영업인의 의도대로 상담을 진행할 수 있게 한다.

고객에게 다양한 이야기를 듣고, 고객이 상담을 주도하게 만들기 위해서는 개방형 질문을 해야 하고, 영업인이 상담을 주도하고, 스피드 있게 결론을 이끌어 내기 위해서는 한정형 질문을 해야 한다.

(2) 긍정형 질문 / 부정형 질문

고객에게 긍정적인 답변을 유도하기 위해서는 긍정형 질문을 해야 하고, 부정적인 답변을 유도하기 위해서는 부정형 질문을 해야 한다.

예를 들어, "현재의 상황을 어떻게 극복할 수 있을까요?" "고객님이 원하시는 상품은 어떤 종류인가요?" "당연히 지금 구입하시는 것이 좋겠죠?" 등의 질문은 긍정적인 답변을 유도한다. 반면, "현재의 상황을 심각하게 느끼시죠?" "이 상품에 대해서는 관심이 없으시죠?" "제 제안이 마음에 안 드세요?" 등의 질문은 부정적인 답변을 유도한다.

영업인은 상황에 맞게, 긍정이나 부정을 유도하는 적절한 질문을 구사할 줄 알아야 한다.

(3) 선택형 질문

고객의 선택을 유도하는 질문이다. TA 시 고객과의 상담약속을 잡는 데 많이 활용하는 질문법이다.

"화요일 3시가 좋겠습니까, 아니면 수요일 2시가 좋겠습니까?" "사무실로 찾아뵐까요, 아니면 근처 커피숍에서 만날까요?" 등 선택을 유도하는 질문이다.

최종 클로징 시에도 선택형 질문을 용이하게 사용할 수 있다. 구매를 망설이는 고객에게 "색상은 화이트와 블루 중 어떤 것으로 하시겠습니까?" "카드로 결제를 하시겠습니까, 세금계산서를 발급해 드릴까요?" 등의 선택형 질문으로 결정을 유도할 수 있다.

상담 질문 5단계

영업인은 시의적절한 질문을 통해 고객과 친밀해지고, 고객의 니즈를 파악한 후, 해결안을 제시해야 한다. 성공한 상담은 성공한 질문으로 시작한다. 유능한 영업인은 단계별 질문 화법을 익힌 후 철저하게 준비된 질문을 한다.

지금부터는 단계별 질문법에 대해 알아보자. 상담 질문 5단계는 모든 업종에서 다양하게 활용될 수 있지만, 업종별로 일일이 예를 들 수가 없으므로, 일단 내가 몸담고 있는 교육상품을 판매하는 사례를 대입해 보기로 하겠다.

1단계 : 친숙 질문

고객과 친해지기 위해서는 먼저 고객의 관심사나 신변에 관해 친숙한 질문을 하는 것이 좋다. 고객에게 호기심을 갖고 있고, 고객을 위한다는 것이 느껴질 수 있도록 질문에 진심을 담아야 한다. 고객이 자신의 이야기를 충분히 할 수 있도록 개방형 질문을 하는 것이 좋다.

"정말 건강미가 넘치십니다. 고객님의 건강 비결은 무엇인지요?" "기업을 운영하시면서 가장 중요하게 생각하시는 요소는 무엇입니까?" "인생에서 가장 어려웠을 때는 언제였고, 어떻게 시련을 극복하셨는지요?"

모든 사람은 자신의 이야기를 하고 싶어 하고, 자신의 이야기에 귀 기울이는 사람을 좋아한다. 영업인의 귀가 열리면 고객의 마음도 절로 열리는 법이다.

2단계 : 탐색 질문

고객의 현재 상황을 탐색하는 질문이다. 이 부분에서 영업인은 개방형과 한정형 질문을 적절히 섞어서 고객의 상황과 니즈를 파악해야 한다.

"임직원 교육에서 가장 어려운 점은 무엇입니까?" "현재 교육이나 보상 관련 프로그램은 어떤 것이 있습니까?" "직원들에게 세일즈 교육이 필요하다고 생각하시죠?"

탐색 질문은 자칫하면 형사가 피의자를 취조하듯이 대화가 진행되어 고객에게 불쾌감을 줄 수 있으니, 각별히 유의해야 한다. 고객을 만나기 전에 사전 정보를 충분히 파악하고, 꼭 알아야 할 중요한 사실만 질문하는 것이 좋다.

3단계 : 문제 질문

고객이 현재 당면한 문제나 어려움에 대한 질문이다. 상담의 궁극적인 목적은 고객의 문제를 해결해 주는 것이다. 영업인이 제공하는 상품이나 서비스가 고객의 문제를 해결해 주기 위해서는 당면한 문제에 대해 적절한 질문을 해야 한다.

"현재 회사 내에서 시행하고 있는 제반 교육의 문제점은 무엇이라 생각하십니까?" "직원들의 세일즈 활동이 얼마나 체계적이라 느끼십니까?" "생산성 향상을 위해서는 제대로 된 교육이 필요하지 않을까요?"

문제 질문을 통해 고객이 현재의 상황에 문제가 있음을 절실히 느끼게 만들어야 한다.

4단계 : 시사 질문

고객이나 고객사의 문제가 현재 어떤 결과나 영향을 미치는지에 관한 질문이다. 유능한 영업인은 시사 질문을 많이 사용한다. 시사 질문을 통해 영업인이 제시하는 해결 방안이 비용에 비해 충분히 가치 있다는 확신을 심어주어야 한다. 시사 질문은 문제 질문과 해결 질문 사이의 징검다리 역할을 한다.

"세일즈 활동에 문제가 있으면 매출에도 안 좋은 영향을 주지 않을까요?" "체계적인 세일즈 교육이 없다면 주먹구구식으로 활동을 하게 되겠죠?" "세일즈 매뉴얼이 없으면 고객을 만나는 것이 불안하지 않을까요?"

시사 질문은 고객이나 고객사의 현실적인 고민을 지적하기 때문에 효과가 강력하다. 문제 해결 시의 결과를 추측하게 하고, 문제를 해결할 방안을 찾게 만든다. 유능한 영업인이 성급하게 클로징을 하지 않고 시사 질문을 던지는 이유가 바로 여기에 있다.

질문을 통해 고객의 문제를 부각시키고, 해결 방안에 더 강한 니즈를 가지게 만든다. 시사 질문을 통해 고객의 긍정적인 답변을 유도한 후, 자연스럽게 해결 질문으로 연결하면 된다.

'해결 방안이 가치 있고 유용한가?'에 대한 질문이다. 유능한 영업인은 시사 질문과 해결 질문을 섞어서 해결 방안의 긍정적인 효과를 강조한다.

"소개한 세일즈 교육이 직원들의 세일즈 활동에 도움이 되겠습니까?" "이렇게 만들어진 세일즈 노하우는 다른 회사에서도 벤치마킹 할 수 있을까요?" 등의 질문을 통해 고객이 스스로 해결 방안을 선택하게 한다.

예를 들어 영업인이 "체계적인 세일즈 활동이 매출 상승에 어떤 효과가 있을까요?"라고 질문하면, 고객은 "체계적인 세일즈 활동은 회사의 장기적인 매출 상승에 큰 도움이 될 겁니다."라고 답할 것이다.

해결 질문은 고객이 스스로 해결 방안의 유용성에 대해 언급하고 결론을 내리게 한다. 적절한 질문을 함으로써 영업인의 역할을 오히려 고객이 하게 만드는 효과가 있다.

상담 질문 5단계를 요약해 보자. 친숙 질문을 통해 상담 분위기를 만들고, 탐색 질문을 통해 상황을 파악하고, 문제 질문을 통해 현재 처해진 상황이 문제 있음을 알리고, 시사 질문을 통해 이 문제가 어떤 안 좋은 영향을 미치는지를 인식시킨 후, 해결 질문을 통해 해결 방안이 꼭 필요한 것임을 고객 스스로 확신하게 만들어야 한다.

상담 질문 5단계는 다양한 업종의 세일즈에 응용 적용이 가능할 것이다. 각자의 업종에 맞는 정형화된 질문 화법을 만들어 보라(닐 라컴 지음, 『당신의 세일즈에 SPIN을 걸어라』 중에서 SPIN 화법 참고).

소개한 5단계 질문법이 교과서적으로 딱 들어맞게 현장에 적용될 수는 없겠지만, 체계적인 질문을 통해 고객이 스스로 니즈를 느끼고 해결 방안을 선택하게 만드는 유용한 무기가 될 수 있다.

모든 세일즈는 정석이 있고 응용이 있는 법이다. 먼저 정석을 배운 후 응용을 익힌다면, 이것이 자신만의 노하우가 될 것이다.

세일즈,
스토리로 말하라

인디언 격언에 '스토리로 말하는 자가 세상을 지배한다'는 말이 있다. 그만큼 스토리가 중요하다는 뜻이다.

스토리텔링은 스토리Story와 텔링Telling의 합성어다. 상대방에게 하고 싶은 이야기를 생생하고 설득력 있게 전달하는 방법이다. 고객을 설득하는 영업인들에게 스토리텔링은 필수다.

스토리텔링은 고객을 집중하게 만들고, 고객에게 신뢰감을 심어줄 수 있으며, 더 나아가 세일즈 성과를 창출한다. 유념해야 할 점은 스토리텔링은 사실에 근거해야 하고, 분명한 메시지가 담겨 있어야 하며, 상대방이 공감해야 한다는 점이다.

내가 잘 아는 사람 중에서 스토리텔링을 대표적으로 잘하는 두 분이 있다.

첫 번째는 천호식품 김영식 회장이다. 대한민국 사람이면 다 아는 '남자한테 참 좋은데, 정말 좋은데, 어떻게 표현할 방법이 없네~'로 유명한 분이다. 이 투박한 TV 광고에는 제품의 효능에 대한 설명이 단 한 마디도 없지만, 그 자체로 강력한 스토리가 되었다. 그는 코믹한 이 한 마디로 자사 제품의 매출 상승은 물론이고 일약 대중적인 스타가 되었다. 그는 현재 '김영식 세 자녀 출산 지원재단'을 만들어 노블리스 오블리주를 실천 중이다.

두 번째는 메가스터디의 김성오 부회장이다. 『육일약국 갑시다』라는 베스트셀러의 저자다. 빚을 내어 경남 마산의 변두리에 4.5평짜리 약국을 개업한 그는 매일 택시를 타면서 "육일약국 갑시다!"를 외쳤다. 3년이 지나자 육일약국은 마산의 모든 사람이 알게 될 정도로 유명해졌고, 그는 13명의 약사를 둔 기업형 약국을 운영하게 되었다. 그 후 교육업계로 진출해 메가스터디를 창업하고, 메가넥스트 대표이사를 역임한 후, 현재는 메가스터디 부회장으로 재직 중이다. '육일약국 갑시다!' 이 한 마디가 그의 인생을 완전히 바꿔버렸다.

내가 존경하는 이 두 분의 스토리는 남의 이야기가 아닌, 자기 자신의 이야기라는 공통점이 있다.

아무리 평범한 사람이라도 자기만의 스토리가 있다. 진정성 있는 자신의 스토리는 평범함을 비범함으로 만든다. 스토리텔링의 기본은 영혼 없는 남의 이야기를 인용하기보다는 부족하더라도 자기의 스토리를 만드는 것이다. 자신의 스토리는 자신의 가치를 높이는 브랜드와 같다.

상품에 자신의 스토리를 입혀라

영업인이 상품을 팔기 위해 상품의 특징이나 장점을 설명하는 것은 그냥 말을 하는 것이다. 여기에 적절한 스토리가 가미되어야 고객이 공감할 수 있고, 판매로도 연결될 수 있다.

예를 들어 화장품을 판매하는 영업인의 화법을 살펴보자.

"이 제품은 천연보습 성분인 글리세린이 들어 있어, 피부의 기능 개선에 탁월한 효과가 있습니다. 알로에 성분도 포함되어 있어, 야외활동 후 거칠어진 피부를 촉촉하게 진정시켜 줍니다."

이렇게 상품 소개를 한 후 "이 제품을 사용한 많은 고객들이 피부가 좋아졌습니다. 고객님도 한번 사용해 보시기 바랍니다."라고 권유를 한다면 소비자가 구매를 결정할까? 뭔가 약한 느낌이다. 이유는 결정적인 스토리의 부재 때문이다.

이 제품에 스토리를 가미해 보자.

"사실 저는 피부가 안 좋아서 대인 기피증, 우울증에 시달리며 살았는데, 우연히 이 제품을 사용하고부터 거짓말같이 피부가 좋아졌습니다. 피부가 좋아지니 인생에 자신감도 생겼고, 대인관계도 좋아졌고, 사회생활도 다시 시작하게 되었습니다. 저는 제 인생을 바꾼 이 제품을 많은 사람들에게 알리고 싶습니다. 고객님, 저를 믿고 일단 한번 사용해 보시기 바랍니다."

어떤 느낌인가? 제품의 설명은 전혀 없었지만 훨씬 설득력이 있지 않은가? 이것이 스토리의 힘이다.

또 다른 사례를 들어보자. 유아교육 상품을 파는 영업인의 경우다.

"고객님, 〈영재발굴단〉이라는 TV 프로그램을 보신 적이 있으시죠? 언젠가 세 명의 아이 모두를 영재로 키웠다는 주부의 강의를 들은 적이 있습니다. 그분이 하시는 말씀이, '매일 매일 다르게 놀아주었더니 애들이 저절로 영재가 되었다'라고 하더라고요. '아, 저거구나.' 하는 생각이 들어 저도 한번 해보려 했는데, 놀아주는 것이 정말 힘들더라고요. 막막한 생각이 들 때, 마침 ○○교구를 알게 되었어요. ○○교구는 노래도 불러주고, 다양한 체험도 하게 해주고, 재미있는 창의력 게임도 있어 우리 애가 너무 좋아했고, 저도 함께 그냥 즐겁게 놀았어요. 그 결과 우리 애도 이번에 영재스쿨에 입학하게 되었답니다. 고객님, ○○교구는 단순한 놀이 도구가 아니라 융합형 인재 육성 프로그램입니다. 저를 믿고 ○○○ (아이 이름) 교육은 저희 회사에 맡겨주시기 바랍니다."

내가 운영하는 세일즈 스쿨의 영업인이 직접 만든 스토리다.

두 가지 사례에서와 같이 상품의 스토리에 자신의 스토리를 더하면, 막강한 세일즈 스토리텔링이 탄생한다.

자신이 판매하는 상품에 자신의 스토리를 입혀라. 유형의 상품이든 무형의 서비스든, 스토리가 상품의 가치를 높인다.

고객에게 답을 찾아라

7

어느 신발 회사에서 시장조사를 하고자 두 영업인을 아프리카 오지로 보냈다. 한 명은 "여기서는 아무도 신발을 신지 않는다. 시장성이 전혀 없다. 신발을 파는 것은 불가능하다."고 보고했고, 다른 한 명은 "여기서는 아무도 신발을 신고 있지 않다. 시장성이 무궁무진하다. 모든 사람에게 다 팔 수 있다."고 보고했다.

이 사례는 영업인이라면 누구나 다 아는 이야기다. 하지만 이 사례를 현실적으로 곰곰이 생각해 보면 부정적 사고, 긍정적 사고의 이분법적인 잣대로 단순히 평가할 문제가 아님을 알 수 있다.

긍정적 사고의 소유자라고 판단되는 영업인이 어쩌면 자신의 단순한 시각에 매몰되어 있는지도 모른다. 신발을 신는 영업인의 입장에서는 원시인이 이해가 안 되겠지만, 맨발로 살아온 원시인의 입장에서는 오히려 영업인이 이해가 안 될 수도 있다. 상대방을 이해하지 못하고 의욕만 앞서 무조건 판매를 밀어붙인다면 상대방의 거부감만 커질 것이다. 먼저 왜 아프리카 원시인들이 신발을 신지 않는지 충분히 이해하고, 그들의 입장에서 생각해 봐야 한다.

영업인이 판매하는 상품도 마찬가지다. 영업인이 아무리 상품의 가성비가 뛰어나고 효용이 높다고 확신해도, 고객은 그렇게 생각하지 않는다. 고객에게는 사지 말아야 할 분명한 이유가 있다.

그러므로 영업인은 먼저 고객을 이해해야 한다. 고객의 시각이나 입장을 이해하지 못하면 결국 자신의 욕심만 앞세우는 영업인이 되고 만다.

의욕만 앞서서 무조건 밀어붙이는 영업인은 하수다. 먼저 고객의 입장을 충분히 이해하고 공감을 한 후, 상품이 필요한 이유를 단계적으로 설득해 나가야 한다.

고객 설득의 3요소

영업인은 상품을 판매하기 위해 고객을 설득해야 한다. 영업인의 말과 행동이 고객에게 설득력 있게 전달되기 위해서는 어떤 노력을 해야 할까?

고대 그리스의 철학자 아리스토텔레스의 수사학修辭學에서는

'세 가지 요소를 갖추면 강한 설득력을 얻게 된다'고 말한다. 아리스토텔레스가 제시하는 설득의 3요소를 살펴보자.

첫째, 로고스logos. 상대방을 설득하기 위해서는 명확한 논리와 근거를 가져야 한다.

둘째, 파토스pathos. 듣는 사람의 심리상태나 감정을 살펴야 한다.

셋째, 에토스ethos. 말하는 사람이 신뢰가 가고 매력이 있어야 한다.

이 세 가지 요소를 영업 활동에 적용시켜 보자.

첫째, 로고스. 고객이 상품을 구매해야 할 논리적인 근거를 제시해야 한다. 영업인이 권유하는 상품이 지출하는 비용에 비해 충분히 가치가 있다는 것을 고객이 수긍해야 한다.

둘째, 파토스. 고객이 현재 처해진 상황이나 여건, 마음의 상태 등 정서적인 부분을 세심하게 살펴야 한다. 먼저 고객을 이해하고 공감을 해야 한다.

셋째, 에토스. 영업인에 대한 인식이 안 좋으면 아무리 논리적인 설득을 잘해도 소용이 없다. 고객이 영업인을 신뢰하고, 영업인에게 호감을 느낄 때 설득력이 커진다.

아리스토텔레스는 설득의 3요소 중 가장 중요한 것이 에토스라고 말한다. 말하는 사람의 호감도가 그만큼 중요하다는 뜻이다. 세일즈에 나서는 영업인이 마음에 새겨야 할 교훈이다.

고객은 논리적이고 이성적인 것 같지만, 막상 구매는 감성적으로 하는 경향이 크다. 영업인이 매력적이면 다소 손해를 보더라도 고객은 구매를 선택하게 된다.

경청하고 공감하라

대부분의 사람들이 '세일즈를 잘하기 위해서는 말을 잘해야 한다'고 생각한다. 하지만 내 경험으로는 그렇지 않다. 말을 너무 잘하면 오히려 진실성이 없어 보일 수 있다. 그래서인지 내가 아는 뛰어난 영업인들은 달변보다는 오히려 눌변인 경우가 더 많다.

중요한 것은 현란한 말의 기교가 아니라, 고객과 공감하는 말을 하는 것이다. 공감하는 말을 하기 위해서는 먼저 경청을 해야 한다.

〈하석태 TV〉의 '달인을 만나다' 코너에 스피치의 달인으로 출연한 정용실 아나운서(현직 KBS 아나운서)는 25년간 아나운서 생활을 하면서도 가장 힘든 일이 경청이라고 말한다.

"제대로 들으려면 의지와 노력이 있어야 합니다. 듣는 데는 많은 에너지가 소모되지요. 그래서 듣는 것이 말하는 것보다 훨씬 힘든 법입니다. 공감하는 표정, 눈빛, 몸짓, 추임새, 감탄사, 적절한 질문을 통해 내가 공감하고 있다는 것을 상대방이 느끼게 만들어야 하기 때문입니다."

영업인은 매일 수많은 고객들과 수많은 대화를 나눈다. 대화의 목적은 소통이다. 그리고 소통의 시작은 경청이다. 대부분의 영업인이 경청의 중요성에 대해 잘 알고 있지만 실천하기는 결코 쉽지 않다.

유명한 바람둥이 사기꾼이 경찰서에 잡혀 왔다. 사기꾼은 평범한 외모에 어리숙한 표정을 한 촌스러운 사람이었다. 요모조모 아무리 살펴봐도 제비족 같은 느낌은 전혀 없었다. 경찰관이 너무나 궁금해서 "어떻게 그 얼굴로 수많은 여성들을 사로잡을 수 있었느냐?"고 묻자 그는 이렇게 대답했다.

"나는 아무것도 한 게 없습니다. 그저 여자들의 말을 끝까지 들어주었을 뿐입니다. 딱 하나 한 것이 있다면, 지겨울 때는 마음속으로 애국가를 4절까지 부르면서 들었습니다."

경청의 중요성을 깨우쳐 주는, 의미 있는 유머다.

먼저 고객의 이야기를 진심을 다해 경청해야 한다. 경청은 고객에 대한 존중의 표현이자 공감의 표현이다. 고객이 많은 이야기를 하는 상담일수록 판매 확률이 높아진다는 것은 여러 실험 결과로 증명되었다.

영업인은 고객의 이야기를 사랑하는 연인의 이야기처럼 집중해서 경청하고, 공감을 해야 한다. 말은 그다음의 문제다.

친해진 후
팔아라

고객과 친해지는 방법

상품을 팔기 전에 먼저 고객과 친해져야 한다. 아마추어는 상품을 팔려는 욕심이 앞서지만 실제로 판매하지 못하고, 프로는 고객과 친해진 후 자연스럽게 판매로 연결시킨다. 따라서 세일즈를 잘하려면 고객과 친해지는 법부터 알아야 한다.

(1) 통해야 친해진다.

대화를 하면서 통하는 부분을 발견하면 고객은 동질감을 느끼고, 더 나아가 신뢰감을 가지게 된다. 따라서 고객과 좋은 관계를 맺고 싶다면, 먼저 공감대를 형성하는 노력을 해야 한다.

그런데 누구를 만나든 습관적으로 차이점부터 찾아내는 답답한 사람이 있다. 예를 들어 "사과가 참 맛있네요"라고 말하면 그들은 "요즘은 딸기 철이라 딸기가 훨씬 맛있어요"라고 대꾸한다. "지리산 피아골 단풍이 정말 아름답죠?"라고 말하면 "단풍은 단연 설악산이죠. 주전골 단풍이 최곱니다." 하고 초를 친다. 상대방의 입장에서 생각하지 못하고, 차이점을 찾아내는 것이 습관이 된 사람이다. 사람들은 그런 사람과 대화하는 것을 부담스러워하며 회피하게 마련이다.

반면에 대화할 때 상대방과 공감하는 습관을 가진 사람은 어디서나 환영을 받고, 누구에게든 호감을 산다. 공감대를 만드는 것은 상대방에 대한 배려의 마음이자, 상대방과 친해지기 위한 간절한 노력이다.

따라서 영업인은 고객을 만나기 전에 상대방의 취향이나 관심사를 미리 파악해 두고, 관심을 끌 만한 주제나 이야깃거리를 미리 준비해 두어야 한다.

(2) 자주 봐야 친해진다.

고객과 친해지기 위해서는 길게 한 번 보는 것보다 짧게 여러 번 보는 것이 훨씬 효과적이다. 다소 거부감이 느껴지는 사람도 자주 보면 친해진다.

프랑스대혁명 100주년을 맞이해 파리에 에펠탑을 만들 때, 시민들은 엄청난 반대를 했다. 에펠탑은 아름답고 고풍스러운 파리의 분위기와는 전혀 어울리지 않는 거대한 고철 덩어리라 생각했다. 하지만 100년이 훨씬 지난 지금 에펠탑은 파리의 상징이 되었다. 이제 에펠탑 없는 파리는 상상조차 할 수 없다.

파리 시민들의 인식이 왜 이렇게 달라졌을까? 탑의 높이가 300미터가 넘기 때문에 그들은 싫든 좋든 눈만 뜨면 에펠탑을 봐야만 했다. 그러자 자신도 모르게 친밀해져 버린 것이다. 그래서 처음에는 비호감이던 것이 자주 접하면서 호감으로 변하는 현상을 '에펠탑 효과'라고 일컫는다.

누군가와 친해지고 싶다면 무조건 자주 만나야 한다. 프로 영업인은 시간 날 때마다 누군가에게 전화하고, 누군가를 만나는 것이 생활화된 사람이다.

(3) 함께 놀아야 친해진다.

고객과 친해지고 싶다면 함께 놀 궁리를 하라. 함께 여행도 가고, 운동도 하고, 공연도 보라. 고객이 '언제 식사 한번 합시다'라고 의례적인 인사를 해오면, 즉시 캘린더를 열고 일정을 잡아라. 밥을 함께 먹으면 친해진다는 것은 여러 가지 심리학 실험에서도 증명된 사실이다.

따라서 영업인은 식사는 무조건 고객과 함께해야 한다. 이것만 지켜도 최소한 상위권 영업인이 될 것이다. 석사, 박사 위에 밥사가 있고, 밥사 위에 술사가 있다. 이왕이면 상대방보다 먼저 밥

값도 내고, 술값도 내라. 이것은 상대방에 대한 배려이자 예의다. 얼마 안 되는 밥값이지만 상대방에게 부채감을 심어주기 때문에, 어떤 형태로든 더 큰 몫으로 되돌아오는 것이 인지상정이다.

(4) 좋아해야 친해진다.

상대방이 나를 좋아하게 만드는 가장 확실한 방법은 내가 상대방을 좋아하는 것이다. 따라서 고객의 마음을 얻고 싶다면, 내가 먼저 고객에게 직간접적으로 좋아한다는 표현을 하면 된다. 마음보다는 말이 먼저다.

자동차 영업왕 조 지라드에게 고객이 그를 좋아하는 이유를 묻자, 그는 매달 자신의 고객에게 사적인 메시지를 적은 편지나 카드를 보낸다고 말했다. 생일이나 특별한 날에 따라 내용은 다르겠지만, 인사말은 언제나 똑같다. "나는 당신을 좋아합니다." 상대방에게 좋아한다는 말을 듣고 싶은 마음은 인간의 원초적인 본능이다.

간접적인 표현도 효과가 크다. 예를 들어 "따님이 항상 웃으며 인사를 잘해요. 너무 예쁘고 착해요." "직원들의 표정에서 사장님을 존경하는 마음이 느껴집니다."

상대방과 연관 있는 사람이나 일을 생각해 보라. 그리고 좋아하는 마음을 표현하는 화법과 방법을 연구한 후, 적절한 시점에 적절히 시도하라. 내가 먼저 상대방을 좋아하면, 상대방도 틀림없이 나를 좋아하게 된다.

고객과의 공통점을 찾아라

필드영업 시절, 고향으로 가는 무궁화호 열차 안에서 우연히 옆 사람과 대화를 나눈 적이 있었다.

"어디까지 가시죠? 저는 마산까지 가는데요."

"저도 마산까지 갑니다. 댁이 마산이세요?"

"지금 집은 서울이지만 고향이 마산입니다."

"그래요? 저도 그렇습니다. 저는 마산 오동동에서 태어났습니다. 학교도 마산에서 나오셨나요?"

우리는 금세 친해졌고, 식당 칸으로 자리를 옮겨 서로 술과 안주를 사겠다고 다투며 주거니 받거니 술잔을 기울였다. 기차가 마산역에 도착할 때까지 말이다. 그리고 한 달 후, 그는 나의 고객이 되었다. 만일 고향이 대전인 옆 사람을 만났어도 그랬을까?

사람은 상대방에게 공통점을 발견하면 금방 친해진다. 동향, 동창뿐 아니라 같은 취미나 취향을 가지면 서로에게 금방 호감을 느낀다. 서로의 공통점을 발견하게 되면, 친해지는 데 절반은 성공한 셈이다.

특히 상품을 권유할 때 고객과의 공통점을 활용한 클로징 화법을 사용하면 판매 확률을 높일 수 있다.

예를 들어 화장품을 팔 때 건성 피부라고 말하는 고객에게는 "저도 건성 피부인데, 이 제품을 써보니까 우리 같은 사람에게는 정말 좋은 것 같아요."라고 권하면 고객이 구매할 확률이 훨씬 높아진다.

장거리 운전을 많이 하는 고객에게 자동차를 팔 때는 "저도 직업이 세일즈라 1년에 5만 km 이상 주행을 합니다. 우리같이 장거리 운전을 많이 하는 사람에게는 이번에 출시된 하이브리드 차량인 ○○가 정말 좋습니다. 공인 연비가 무려 20km나 되고, 여러 가지 할인 혜택도 있으니 지금 구입하시는 것이 가장 좋습니다."라고 이야기하면 된다.

워킹맘에게 유아교육 상품을 권유할 때는 "직장생활을 하기 때문에 자녀 교육이 걱정이시죠? 우리 같은 워킹맘에게는…… 다양한 체험 놀이를 할 수 있는 이 제품이 정말 좋습니다."라고 말한다.

가족력이 있는 고객에게 보험상품을 권유할 때는 "아버님이 위암 수술을 하셨다고요? 저희 어머니도 암으로 오랫동안 투병을 하셨습니다. 우리같이 가족력이 있는 사람에게는…… 다양한 암 보장이 되는 ○○건강보험이 필수입니다."라고 말하면 된다.

고객과의 공통점을 찾은 후 "우리 같은 사람에게는……"이라는 표현으로 자연스럽게 클로징을 하면 틀림없이 판매 확률을 높일 수 있을 것이다.

통해야 친해진다. 자주 봐야 친해진다. 함께 놀아야 친해진다. 내가 먼저 좋아해야 친해진다. 공통점을 찾아야 친해진다. 그리고 분명한 것은, 친해져야 세일즈를 잘할 수 있다.

HST
세일즈 성공법칙

지금까지 세일즈 성공의 3가지 요소^{Habit, Ship, Technique}에 대해 살펴보았다. 이제까지 언급한 내용을 간단히 요약해 보자.

첫째, 세일즈 Habit. 의식적으로 좋은 활동습관을 만들지 않으면 무의식적으로 나쁜 습관이 만들어진다. 영업인은 스스로 의무 활동량을 정하고, 힘들어도 습관이 될 때까지 꾸준히 실행해야 한다. 일일 활동 사이클을 D → C → P로 바꾸고, Sit Plan을 생활화해야 한다. 하루 업무 중 실질활동 시간을 최대한 늘리고, 하루 일과를 긍정의 마음으로 마무리해야 한다. 성공을 위한 5가지 습관을 일상 속에서 의식적으로 만들어 나가야 한다.

세일즈는 실행을 하면서 방법을 찾아야지, 방법을 찾고 실행하는 일이 아니다. 성공 습관을 만들고 싶다면 딱! 100일만 실행하라.

둘째, 세일즈 Ship. 영업인은 자신의 일, 취급하는 상품, 더 나아가 자기 자신에 대해 언제 어디서나 당당해야 한다. '당당함'의 에너지를 지속적으로 충전하고, 삶의 방식을 영업적으로 바꿔야 한다. 세일즈는 마음이 하는 일이다. 세일즈에 대한 공포증도 공포를 대하는 마음의 문제이고, 자존심도 상황을 받아들이는 마음의 문제이며, 거절도 거절을 대하는 마음의 문제다. 세일즈를 즐거운 놀이라 생각하고 즐겨야 한다. 그리고 일상 속에서 마음의 그릇을 키우는 멘탈 헬스를 생활화해야 한다.

셋째, 세일즈 Technique. 기본적인 세일즈 프로세스를 익힌 후 응용을 통해 요령을 터득해야 한다. 판매를 잘하기 위해서는 상품의 가치를 높이고, 영업인 자신의 가치를 높여야 한다. 고객의 심리를 파악할 줄 알아야 하고, 마음을 얻는 기법을 터득하고, 고객과의 신뢰관계를 잘 진전시켜 나가야 한다. 고객과 친해지기 위한 다양한 노력을 하고, 단계별 질문을 통해 고객의 니즈를 만들며, 적절한 클로징 타이밍을 잘 포착해 판매로 연결해야 한다. 이를 위해 실전 적용이 가능한 세일즈 자료와 화법을 만들어야 한다.

세일즈의 과정은 제품을 생산하는 제조 공정과 똑같다. 이 성공의 3요소가 세일즈 공정에 투입되면 투입량에 비례해서 정확하게 실적이 만들어진다. 그래서 나는 이것을 '법칙'으로 정했다.

HST 세일즈 성공 법칙(공식)은 의외로 간단하다. 이를 수식으로 표현하면 다음과 같다.

H(Habit)	×	S(Ship)	×	T(Technique)	=	P(Performance)
10	×	10	×	10	=	1,000
5	×	10	×	10	=	500
5	×	5	×	10	=	250
5	×	5	×	5	=	125

세일즈 성공의 3요소를 곱한 값이 실적의 크기가 된다. 이 공식의 핵심은, 더하기가 아니라 '곱하기'라는 점이다.

만약 Habit과 Ship과 Technique의 세 가지 요소가 모두 10만큼씩 투입되었다고 가정해 보자. 산출되는 실적의 크기는 $10 \times 10 \times 10 = 1,000$이다.

이번에는 3요소 중 한 가지, 예를 들어 Habit(활동량)이 5만 투입되고 나머지는 똑같이 10씩 투입되었다고 해보자. 실적의 크기는 $5 \times 10 \times 10 = 500$이 된다. 세 가지 중 한 요소만 반으로 줄였을 뿐인데, 전체 실적도 절반으로 줄어든 셈이다.

그렇다면 3요소 모두 절반인 5만큼씩만 투입될 경우에는 어떻게 될까? $5 \times 5 \times 5 = 125$가 되어, 3요소를 모두 10만큼씩 투입한 경우보다 실적의 크기가 무려 1/8로 줄어든다.

만약 3요소 중 하나라도 투입되는 양이 아예 0이라면 어떻게 될까? 계산해 볼 필요도 없이 실적은 무조건 제로(0)가 된다.

이번에는 세 가지 요소를 5가 아니라 20씩 투입하는 경우를 가정해 보자. 20×20×20=8,000이 되어, 각각의 요소를 5만큼씩 투입했을 때보다 원재료는 4배 더 투입했을 뿐인데도 실적은 무려 64배가 된다.

이것이 세일즈 성공의 공식이자 요령이다. 세일즈를 잘하고 못하고는 능력의 차이가 아니라 집중력의 차이다. 약간의 집중력 차이가 엄청난 실적의 차이를 만든다. 그래서 노동은 한 사람이 열 사람의 몫을 할 수 없지만, 세일즈는 한 사람이 백 사람의 몫도 할 수 있는 것이다.

세일즈의 세계에는 오직 두 종류의 사람만이 존재한다. 이 사실을 아는 사람과 모르는 사람이다. 이 '일점一點 집중'의 비밀을 알고 실천하는 사람만이 최고의 영업인이 될 수 있다.

'HST 세일즈 성공법칙'에는 중요한 전제가 한 가지 있다. 그것은 세일즈 활동의 대상이 되는 가망고객이다. 가망고객은 세일즈의 원재료에 해당된다. 'HST 세일즈 성공법칙'은 세일즈 마켓, 즉 가망고객 발굴을 전제로 한 법칙이다.

업종에 따라 회사에서 활동시장이나 가망고객 DB^{Database}를 제공하는 경우가 있고, 영업인이 직접 활동시장을 개척하고 가망고객을 발굴해야 하는 경우가 있다. 나는 개인적으로 가망고객 발굴부터 최종 판매까지의 모든 과정을 영업인이 해내는 세일즈가 진정한 세일즈라 생각한다.

세일즈 성공의 가장 중요한 전제는 '다수와 양질의 가망고객' 발굴이다. 이 원재료의 바탕에 성공의 3가지 요소를 투입해야 실적이 만들어진다.

지금부터는 세일즈의 원재료이자 세일즈 성공의 바탕인 가망고객 발굴 방법에 대해 살펴보도록 하자.

LESSON
4

세일즈
Market 만들기

세일즈의 원재료, 가망고객

많은 사람들이 꿈을 이루기 위해 세일즈에 도전하지만 대부분 중도에 포기하는 이유는 판매를 못해서가 아니라, 가망고객을 발굴하지 못해서다. 직설적으로 말하면 만날 사람이 없어서다. 가망고객은 세일즈의 원재료에 해당된다. 좋은 작품은 좋은 원재료의 바탕에서 만들어진다.

예를 들어 훌륭한 대금을 만들기 위해서는 먼저 원재료인 '쌍골대'를 찾아야 한다. 쌍골대는 한쪽만 골이 패인 보통 대나무와 달리, 양쪽으로 골이 패인 대나무다. 대밭 경계지역에서 자라며, 대나무 1천 대 중 1대 정도 날까 말까다. 대금 장인은 쌍골대를 찾기 위해 전국의 대밭을 누빈다.

세일즈에서의 쌍골대는 가망고객이다. 모든 세일즈 활동은 양질의 가망고객을 찾는 일로부터 시작된다.

매니저가 영업인을 육성하는 것도 마찬가지다. 우선 좋은 후보자를 발굴해야 한다. 지식과 스킬의 전수만으로는 우수한 영업인이 양성되지 않는다. 중요한 것은 바탕인 사람 그 자체다. 왜냐하면 아무리 유능한 매니저라도 사람의 근본 자체를 바꿀 수는 없기 때문이다.

세일즈 성공의 바탕은 양질의 가망고객과 양질의 후보자다. 이 세일즈 원재료를 찾는 작업은 세일즈 성공의 시작이자 끝이다.

지불 능력이 우선이다

앞에서 가망고객은 만날 수 있어야 하고, 니즈가 있어야 하며, 지불 능력이 있어야 하고, 구매 자격을 갖추어야 한다고 정의했다(44쪽 참조). 보험 세일즈의 예를 들어 설명해 보자.

영업인이 고객을 만나러 갔더니 반갑게 맞이해 준다(만남 가능), 보장 자산의 필요성을 충분히 느끼고 있다(니즈 충만), 술이나 담배도 안 하고 아주 건강하다(자격 적합). 그래서 보험 가입을 권유하니, "저는 실업자라서 돈이 없습니다."라고 말한다. 이런 경우라면 당신은 어떻게 대처할 것인가? 아무리 유능한 영업인이라도 지불 능력이 없는 고객 앞에서는 어쩔 도리가 없다.

이 사례를 현실적으로 정리해 보자. 이 세상에 처음부터 문을 활짝 열어놓고 영업인을 기다리는 고객이 있을까? 입장을 바꿔서 생각해 보라. 당신은 생판 모르는 영업인을 환대한 적이 있는가? 만약 그런 사람을 만난다면 오히려 영업인이 의심을 품어봐야 한다. 대부분의 고객은 영업인에 대해 부담감이나 거부감을 가지고 있다. 안 만나려고 하는 것이 정상이다.

하지만 영업인은 수단과 방법을 찾아 고객에게 다가가야 한다. 마음만 먹으면 우연을 가장한 필연으로라도 얼마든지 만날 수 있을 것이다.

니즈도 마찬가지다. 처음부터 상품에 대한 니즈를 가진 고객은 거의 없다. 특히 보험 상품의 니즈는 자발적인 니즈가 아니라, 마음속 깊은 곳에 내재되어 있는 비자발적인 니즈다. 쌀이나 물을 사는 것은 자발적인 니즈지만, 보험은 당장 필요한 것이 아니기 때문에 니즈를 환기시키는 작업이 필요하다. 고객의 마음속에 잠재되어 있는 노후의 경제적 안정에 대한 욕구, 불의의 사고나 질병에 대한 불안감을 현실화시켜야 한다. 논리적인 자료도 제시하고, 감성적인 화법도 구사해서 니즈를 만들어 내야 한다.

이도 저도 아니라 "당신같이 끈질긴 사람은 처음 봤소. 내가 졌소. 계약을 합시다."라고 말하면 이것도 일종의 니즈다. 고객이 영업인의 끈질긴 근성을 샀기 때문이다. 즉 니즈는 그냥 생기는 것이 아니라, 영업인이 만들어 가는 것이다.

상품의 특성상 성별이나 나이, 직업, 건강 등에 따라 구매 자격이 안 될 수도 있다. 하지만 이것도 경제력과 니즈만 있다면 조건을 변형시켜 해결할 수 있는 문제다. 계약자를 가족 명의로 해서 가입하거나, 타인을 위해 대신 구입할 수도 있다. 손자를 위해 금융상품에 가입할 수도 있고, 아내를 위해 화장품을 구입할 수도 있는 것이다.

절대 해결할 수 없는 문제는 딱 하나, 지불 능력이다. 이것은 영업인의 노력으로 해결이 절대 불가능하다. 나머지 조건은 노력에 의해 충분히 극복할 수 있다.

영업인은 지불 능력이 있는 잠재고객을 발굴해서, 나머지 3가지 조건을 하나씩 해결해 나가는 사람이다.

세일즈 포인트를 때려라

어느 집주인이 집 부엌의 수돗물이 나오지 않아 배관 수리공을 불렀다. 출장을 온 수리공이 배관 라인을 쓱 둘러보더니, 망치로 수도관을 '탁 탁 탁' 하고 가볍게 세 번 두들겼다. 그러자 거짓말같이 수도꼭지에서 물이 쏟아졌다.

수리공은 수리비로 10만 원을 요구했다. 집주인은 기가 막혔다. 왜냐하면 수리공이 한 일이라곤 망치로 수도관을 세 번 두드린 것밖에 없었기 때문이다. 주인이 너무 비싸다고 항의를 하자,

수리공은 조용한 목소리로 말했다.

"출장비는 2만 원입니다. 나머지 8만 원은 어디를 두드려야 물이 나오는지를 알고 있는 비용입니다."

집주인은 꼼짝없이 죄송하다는 말과 함께 수리비 10만 원을 지불하고 말았다.

세일즈도 마찬가지다. 먼저 무엇이 중요하고, 어디에 시간과 노력을 집중해야 하는지 정확히 알아야 한다.

세일즈에서의 성공 포인트를 요약해 보자.

첫째, 세일즈 매니저는 먼저 양질의 후보자를 발굴해야 한다. 세일즈는 사람이 생산의 주체이기 때문이다.

둘째, 영업인은 먼저 양질의 가망고객을 발굴해야 한다. 가망고객은 세일즈의 원재료이기 때문이다.

셋째, 지불 능력이 있는 사람만이 가망고객이다. 나머지 조건들은 영업인이 해결할 수 있기 때문이다.

내가 강조하는 이 3가지 포인트는 세일즈의 기본이자 성공의 핵심 요소임을 명심 또 명심해야 한다.

가망고객 발굴,
어떻게 해야 하나?

먼저, 가망고객 발굴의 패러다임을 깨야 한다. 가망고객 시장을 장님 코끼리 만지듯 판단하지 말고, 눈을 크게 뜨고 무궁무진한 시장의 전체 형상을 볼 줄 알아야 한다. 가망고객 발굴을 '시장 개척'의 개념으로 인식하면 활동 범위가 넓어지고, 다양한 접근 방법을 찾을 수 있다. 내가 강조하는 '개척'이란 무에서 유를 만들어 내는 적극적·능동적인 활동을 말한다. '만날 사람이 없다'라는 수동적인 자세에서, '만날 사람을 만든다'는 적극적이고 능동적인 자세로 행동을 바꿔야 한다.

그럼 시장을 연고 시장, 소개 시장, 단체 시장, 특화 시장, SNS 시장, 돌입 시장으로 구분해서 시장 개척 방법에 대해 알아보자.

연고 시장

연고 시장은 첫 시장^{First Market}, 자연적 시장^{Natural Market}이다. 처음 시작하는 시장, 자연스럽게 형성되어 있는 시장이라는 뜻이다. 소위 말하는 학연·지연·혈연 시장을 말한다.

연고 시장을 개척의 개념으로 접근하면 엄청난 가망고객 시장이 열린다. 먼저 학연의 예를 들어보자.

"저는 학교 다닐 때 조용하게 지내며 공부만 했고, 졸업 후에는 동창 모임에도 나가지 않아 학연이 거의 없습니다."라고 말하는 영업인이 있다. 과연 그럴까?

오늘 당장 장롱 속에 보관되어 있는 졸업앨범을 펼쳐보라. 빛바랜 개나리 초등학교 앨범 속에서 어릴 적 친하게 지냈던 길동이의 사진을 보았다면, 추억에만 젖지 말고 동창이나 친구들을 통해 수소문을 해보라. 서너 단계의 인맥만 거치면 누구든 다 알 수 있는 초연결 사회다. 노력하면 충분히 길동이의 근황을 알 수 있을 것이다.

길동이가 부산에서 사업을 하고 있다는 정보를 알아냈다면, 망설이지 말고 당장 전화를 하라. 전화를 통해 반갑게 인사를 나누고, 다음에 만날 날을 기약하라. 그리고 부산에 출장 갈 일이 생기면 짬을 내어 길동이를 만나라. 만나면 당연히 옛날의 학창 시절부터 시작해서 그동안 살아온 이야기를 나누게 될 것이다. 그리고 각자 현재 하는 일에 대한 이야기를 하게 될 것이고, 자연스럽게 세일즈에 대한 이야기도 하게 될 것이다. 운이 좋으면 첫 만남에서 길동이가 고객이 될 수도 있다. 고객이 안 되어도 오랜만에 그리운 옛 친구를 만나 즐거운 시간을 보냈으니 얼마나 좋은 일인가?

내가 여기까지 이야기하면, 이 글을 읽는 독자 중에는 마음속으로 이렇게 생각하는 사람이 분명 있을 것이다.

'무슨 말씀인지는 알겠지만, 못 본 지 30년이나 지난 초등학교 동창에게 어찌 속 보이게 전화를 한답니까?'

당신도 그렇게 생각하는가? 만일 그렇게 생각한다면, 당장 세일즈를 그만두고 다른 일을 찾아보기 바란다.

세일즈는 확률 게임이다. 전혀 모르는 사람보다 동창이라는 공감대가 있는 사람이 훨씬 구매 확률이 높다. 당연히 확률이 높은 효율적인 활동을 해야 한다. 그리고 당신이 전화를 할까 말까 망설이는 이 순간에 길동이는 다른 영업인에게서 당신이 파는 상품을 구입하려고 고민 중일지도 모른다.

전화를 한 결과, 길동이가 당신의 고객이 된다면 이것은 우연인가? 당연히 가망고객을 개척한 노력의 결과다. 운은 노력하는 사람에게만 생기는 선물이다.

이렇게 학연을 개척의 개념으로 인식하고 초·중·고, 대학 때 만난 친구나 선후배 등의 인맥만 발굴해도 꽤 많은 가망고객을 확보할 수 있을 것이다.

같은 방법으로 다양한 지인 시장도 개척하고, 사돈의 팔촌까지 통틀어 혈연 시장도 개척한다면 연고 시장만으로도 수많은 가망고객을 발굴할 수 있을 것이다.

간혹 "나는 연고는 하지 않고 개척으로만 성공했다"고 자랑하는 영업인을 만날 때가 있다. 여기서 개척의 의미는 전혀 모르는 사람을 말한다. 나는 정말 이런 영업인이 이해가 안 된다. 연고자에게는 상품을 권하지 않으면서 전혀 모르는 사람에게만 판매한다는 것이 과연 자랑인가? 이는 스스로 "나는 이율배반적인 영업인입니다"라고 광고하는 것이나 다름없다.

내가 판매하는 상품이 정말 유익하고, 내가 하는 일이 정말 가치 있는 일이라면 자신은 물론이고 가족, 형제, 지인에게 먼저 권하는 것이 당연한 것이다. 이것이 진정성이고, 신뢰성이고, 영업인의 도리다.

연고 시장을 가장 잘 정의한 사람은 미국의 전설적인 영업왕 조 지라드다. 그는 고등학교를 중퇴한 후 구두닦이, 난로 수리공, 막노동 등의 직업을 전전하다가 서른다섯 살에 자동차 세일즈맨이 되었다. 똑같은 사람이지만 세일즈맨으로서 그의 인생은 예전의 인생과는 완전히 달라졌다. 판매왕으로 무려 12년 연속으로 세계 기네스북에 올랐고, '자동차 명예의 전당'에 헨리 포드와 함께 당당히 이름을 올린 최고의 영업왕이 되었다. 그의 성공 비결은 '250명 법칙'에 있다.

조 지라드는 우연히 결혼식장과 장례식장에서 한 사람당 평균 250명 정도의 손님이 온다는 사실을 발견하고, 이것을 '250명 법칙'이라 명명했다. '한 사람의 영향력은 250명에게 미친다'는 것이다. 이후 그는 한 사람의 고객에게 250명을 대하듯이 정성을 다했고, 이에 감동한 고객들이 자동차 구입은 물론이고 수많은 가망고객을 소개해 주어 결국 그는 세계 최고의 영업왕이 되었다.

어느 날 기자가 그에게 "어떻게 하면 당신처럼 세일즈를 잘할 수 있습니까?" 하고 질문하자 그는 "호주머니 속의 수첩과 지불이 끝난 청구서만 있으면 누구든 최고의 영업인이 될 수 있지요." 라고 대답했다.

'호주머니 속의 수첩'은 연고 시장을 말한다. 우리는 태어나서 지금까지 자의든 타의든 수많은 인간관계를 맺으면서 살아왔다. 휴대폰에 저장된 전화번호가 그 증거다. 세일즈를 잘하고 싶다면, 먼저 그들에게 '250명 법칙'을 대입해 정성으로 감동시켜야 한다는 것이다.

'지불이 끝난 청구서'는 거래 관계를 의미한다. 우리는 일상에서 수많은 거래행위를 하면서 살고 있다. 쇼핑도 하고, 외식도 하고, 취미생활도 한다. 그리고 이 모든 거래에는 경제적인 지출이 따른다. 유형의 상품이든 무형의 서비스든 그들의 상품을 구매했다면, 내 상품도 적극적으로 권유해야 한다는 것이다. 이것이 상부상조의 정신이자 상거래의 원칙이다.

연고 시장에 대한 조 지라드의 정의는 아무리 시대가 변해도 영업인이 가슴에 새겨야 할 불변의 진리다. 패러다임을 깨고 연고 시장을 개척의 대상으로 인식하면, 가망고객의 범위는 무한대로 커질 것이다.

소개 시장

소개를 통한 가망고객 발굴은 영업인이 추구해야 할 가장 효율적인 시장 확대 방법이다.

가망고객 시장을 X, Y, Z시장으로 나누어 보면, 연고 시장은 X시장이다. X시장에서 소개받은 시장은 Y시장이고, Y시장에서 소개받은 시장(소개받은 고객의 소개)을 Z시장이라고 한다. 이상적인 세일즈는 X시장 → Y시장 → Z시장으로 시장을 확대시켜 나가는 것이다.

조 지라드의 '250명 법칙'도 결국 연고에서 시작해 소개로 시장을 확대하는 방법이다. 세일즈에서 소개 확보는 세일즈의 금맥을 찾는 작업과 같다. 고객에게 소개를 잘 받기 위해 유의해야 할 몇 가지 사항을 짚어보자.

첫째, 고객이 상품에 만족해야 한다. 철저하게 니즈 판매를 해야 하고, 세심하게 고객의 만족도를 체크해야 한다. 상품에 대한 만족이 없으면 당연히 소개도 없다.

둘째, 영업인을 좋아해야 한다. 영업인은 고객이 평가하는 또 하나의 상품이다. 신뢰성과 전문성을 갖춘 매력적인 상품이 되어야 한다. 영업인을 도와주고 싶다는 생각이 들어야 고객은 소개를 해준다.

셋째, 소개 요청의 타이밍은 계약서에 사인을 한 직후가 가장 좋다. 구매 시점이 상품에 대한 만족도가 가장 높기 때문이다. 고객은 자신이 구매한 상품을 누군가에게 자랑하고 싶고, 자신의 판단이 옳았음을 증명하고 싶은 심리가 있다.

넷째, 막연하게 소개를 요청하면 고객도 막연하게 생각하고, 자칫 분위기가 어색해질 수 있다. 어떤 사람을 소개받고 싶은지 구체적으로 이야기해야 한다. 주변 지인 중에서 중소기업 CEO, 교사, 의사 등으로 직업을 특정하든지 임산부, 신혼 부부, 사회 초년생 등 현재 상황을 특정하든지 동창, 모임, 취미 등의 단체를 특정해 구체적으로 소개를 받는 것이 용이하다. 가장 좋은 재원은 고객의 가족, 친인척, 친구 등의 최측근 지인들이다.

다섯째, 소개받은 사람의 정보를 최대한 입수해야 한다. 인적 사항뿐만 아니라 출신학교, 취미, 관심사, 경제력 등의 정보를 자연스럽게 파악해야 한다. 가망고객의 정보를 알아야 상담 시 분위기를 주도할 수 있다.

여섯째, 소개받은 후 최대한 빨리 가망고객을 만나야 한다. 소개받은 자리에서 고객에게 추천 전화를 해줄 것을 요청하라. 내 경험으로는 영업인을 추천하는 고객의 전화 한 통은 세일즈의 보증수표와 같다. 자필 소개장을 받는 것도 좋은 방법 중 하나다.

단체 시장

연고 개척이 맨투맨의 개별적 활동 방법이라면, 단체 개척은 특정한 단체 활동을 통해 가망고객을 발굴하는 방법이다. 각종 모임(동창회, 향우회, 봉사단체, JC, 로터리클럽 등), 운동(골프, 등산, 테니스, 마라톤, 탁구 등), 취미(와인, 독서, 바리스타, 요리, 댄스 등), 공부(최고경영자 과정, 석·박사 과정, 세미나, 조찬 스터디 등), 종교 활동 등 하고 싶은 일, 좋아하는 활동을 하면서 가망고객을 개척하는 것이다.

이러한 단체를 통한 가망고객 발굴 방법이 좋은 이유는 단체 활동을 통해 자연스럽게 공감대, 동질성이 형성되기 때문이다. 동질성을 느껴야 친해지고, 친해지면 부담 없이 세일즈에 대한 대화도 나누게 되고, 더 나아가 상품 권유도 할 수 있게 된다.

여기서 주의해야 할 점은, 노골적으로 판매를 목적으로 단체 활동을 하면 신뢰를 잃게 되고 조직에서 왕따가 될 수도 있다는 점이다. 먼저 자신이 좋아하는 모임을 선택해야 하고, 그 속에서 좋은 인간관계를 만들어 나가야 한다. 결국 단체 개척도 사람과 사람, 가슴과 가슴의 만남으로 성과가 만들어진다.

놀면서 일하고, 공부하면서 일하고, 봉사하면서 일하고, 운동하면서 일하는 것이 세일즈다. 자기계발도 하고, 다양한 분야의 사람도 만나고, 하고 싶은 취미생활도 하면서 즐겁게 시장을 개척하면 된다.

중요한 점은 어떤 단체에서라도 그 속에서 꼭 필요한 사람이 되어야 한다는 점이다. 필요한 사람에게는 사람이 모이게 되고, 사람이 모이면 그 속에서 자연스럽게 가망고객을 발굴할 수 있다.

특화 시장

특화 시장을 선정해 이를 집중적으로 공략하는 방법이다. 의사, 교사, 자영업자, 임산부, 학부모, 중소기업 CEO 등 특정한 시장을 세분화해서 그 시장에 적합한 컨설팅을 통해 맞춤형 상품을 권유하는 것이다. 특화 시장 개척을 하면, 선택과 집중을 통해 효율적인 세일즈 활동을 할 수 있다. 먼저 특화할 시장을 선정하고, 그 시장에 맞는 차별화된 서비스와 솔루션을 준비해야 한다.

세미나, 박람회, 교육 강좌를 개최해 가망고객을 발굴하는 방법도 여기에 해당된다. 이 경우 노골적인 상품 권유보다는 행사 참가자들에게 도움이 되는 정보를 제공한 후, 가망고객 DB를 확보하는 데 활동의 초점을 맞추어야 한다. 업종이나 상품의 종류에 따라 차이는 있겠지만, 최종 클로징은 결국 1:1 상담을 통해 고객의 니즈를 충분히 반영한 후 해야 완전 판매를 할 수 있다.

특화 시장 개척을 잘하기 위해서는 먼저 특화된 고객을 충분히 이해하고, 그 속에서 동질성을 가져야 한다. 그리고 전문적인 지식을 갖추고, 전문가다운 분위기를 잘 연출해야 한다. 특화 시장에 맞게 특화된 영업인만이 좋은 성과를 거둘 수 있을 것이다.

SNS 시장

당신은 현재 어떤 SNS 활동을 하고 있는가? 페이스북, 유튜브, 블로그, 카페, 인스타그램, 트위터, 카카오스토리 등 선택할 수 있는 수많은 SNS가 있다. 영업인에게 SNS 활동은 선택이 아니라 필수다. 왜 영업인이 SNS 활동을 해야 할까?

첫째, 많은 고객들이 SNS를 하고 있기 때문이다. 특히 페이스북이나 유튜브는 전 세계에서 무려 20억 명 이상이 이용한다. 경제활동을 하는 거의 대부분의 사람들이 SNS 활동을 하는 셈이다.

고객이 있는 곳에 당연히 영업인도 있어야 한다.

둘째, 고객과 소통하기 위해서다. 수많은 고객들을 면대면으로 일일이 다 만날 수는 없다. SNS로 고객과 깊이 있게 친해질 수는 없어도, 고객을 이해하고 소통하기에는 아주 좋은 도구가 될 수 있다. 그래서 오래 못 본 고객도 SNS로 소통을 하면 낯설지 않고 친근감을 느끼는 것이다.

셋째, 영업인이 하는 일과 취급하는 상품을 알릴 수 있는 수단이 된다. 현대는 자기 PR 시대다. 나의 일상과 생각을 자연스럽게 고객들에게 오픈하고, 내가 하는 일과 판매하는 상품에 대해 직간접적으로 홍보를 할 수 있다.

그렇다면 구체적으로 어떻게 SNS 활동을 해야 할까?

첫째, 진정성을 가지고 해야 한다. SNS 활동도 삶의 일부분이다. 인생이 담겨 있고, 삶의 철학이 담겨 있는 공간이다. 남에게 평가받기 이전에 자기 자신에게 평가받아야 한다.

둘째, 공감할 수 있는 콘텐츠를 만들어야 한다. 고객은 냉정하다. 노골적으로 판매를 목적으로 활동을 하면 고객은 등을 돌린다. 가상공간에서의 안 좋은 인식은 대면으로도 이어지니, 항상 역지사지易地思之로 생각하고 세심한 주의를 기울여야 한다.

셋째, 소통 상대방에게 따뜻한 관심을 보여야 한다. 좋은 글이나 영상에는 '좋아요'도 누르고, 댓글도 달며, 성의를 가지고 공감하고 있다는 표현을 지속적으로 해야 한다.

관심을 가지고 살펴보면 SNS 개척으로 성공하고 있는 영업인들도 의외로 많다. 내 주위에도 건강에 대한 유튜브 채널로 유명해져서 휘트니스 사업을 하고 있는 대표도 있고, 재테크 블로그 운영을 통해 금융 영업을 잘하고 있는 후배도 있고, 지리산 골짜기에 살면서 페이스북을 통해 농산물을 잘 판매하는 지인도 있다. 내가 운영하는 유튜브 채널 〈하석태 TV〉도 마니아층이 두터워지면서 다양한 회사에서 강연 요청이 들어오고, 'HST 세일즈 아카데미'에도 많은 사람들이 참가하고 있다.

고객에게 도움이 되는 콘텐츠를 만들고, 진정성을 가지고 꾸준히 활동하면 SNS를 통해서도 가망고객을 충분히 발굴할 수 있다.

돌입 시장

시장이나 상가, 빌딩 등을 사전약속 없이 무작정 방문하는 전통적인 개척 방법이다. 아직도 개척이라 하면 대부분 이 돌입 방문을 말한다. 돌입 개척은 노력에 비해 판매 확률이 매우 낮고, 잡상인 취급을 받을 수 있으며, 냉대와 거절을 각오해야 한다. 그래서 대부분의 영업인들은 엄두를 내지 못하거나, 한다 해도 흉내만 내다가 대부분 중도에 포기한다.

하지만 돌입 개척에도 장점은 있다. 짧은 시간에 많은 사람을 만날 수 있고, 수많은 거절을 통해 대인 공포증, 방문 공포증을 극복할 수도 있다. 그래서 아직도 일부 회사들이 신입사원 트레이닝 방법으로 돌입 방문을 활용하기도 한다.

일반적으로 돌입 개척은 지금의 시대에는 맞지 않을 뿐 아니라 수준quality 떨어지는 저급한 활동 방법이라 여긴다. 하지만 분명한 사실은 세일즈에는 왕도가 없다는 것이다. 요즘은 돌입 개척을 하는 영업인들이 많지 않기 때문에, 오히려 예전에 비해서 판매 확률이 높을 수도 있다.

돌입 개척이 수준 떨어지는 것은 수준 떨어지는 사람이 돌입 방문을 해서 수준 떨어지는 짓을 하기 때문에 그런 것일 뿐, 수준 있는 사람이 돌입 방문을 해서 수준 있는 활동을 하면 수준 떨어지는 일이 아니다. 진짜 수준 떨어지는 영업인은 세일즈라는 프로의 세계에 속해 있으면서 열심히 일하지도 않고, 성취하지도 못하는 사람이다.

처음부터 형성된 연고 시장은 애초에 없다. 부모 형제가 아니라면 처음에는 다 모르는 사람이었다. 만나서 친해지면 모두 연고가 되는 거다. 프로 영업인은 돌입 개척을 통해서도 연고를 만들어 내는 사람이다.

중요한 점은 세일즈에 왕도는 없고, 영업인은 법적·도덕적으로 문제만 없다면 수단과 방법을 가리지 말고 일단 가망고객을 만나야 한다는 점이다.

상황별 가망고객 발굴

선화공주는 신라 진평왕의 셋째 딸이었다. 백제의 왕자 서동은 선화공주가 예쁘고 마음씨도 곱다는 소문을 듣고, 선화공주를 아내로 삼아야겠다고 결심한다. 이 순간부터 선화공주는 서동의 가망고객이 되었다.

서동은 가망고객이 있는 신라로 간다. 그리고 성 밖 시장에서 아이들에게 과자(시책)를 나누어주고 〈서동요〉(선화공주가 밤마다 몰래 서동의 방을 찾아간다는 노래)를 퍼뜨린다. 이 노래가 대궐 안에까지 퍼져 급기야 진평왕이 알게 되고, 진평왕은 어쩔 수 없이 공주를 대궐 밖으로 내쫓는다. 서동은 성 밖으로 쫓겨난 선화공주에게 다가가 사실을 고백하고 프러포즈를 한 후, 선화공주를 데리고 백제로 돌아간다. 이후 서동은 왕(무왕)이 되고 선화공주는 왕비가 되어 행복하게 살아간다.

이 이야기에서 선화공주는 서동이 선택한 가망고객이었다. 만일 서동이 〈서동요〉를 퍼뜨리는 대신, 유행가에 나오는 '최 진사 댁 셋째 딸'에게 구애를 하듯이 무작정 궁궐로 쳐들어갔다면 어떻게 되었을까? 아마 곤장을 얻어맞고 쫓겨났을 것이 틀림없다.

하지만 서동은 〈서동요〉를 퍼트려서 상황을 자신에게 유리하게 만들어 버렸다. 서동은 그야말로 최고의 영업인이다.

영업인은 일상 속에서 눈을 크게 뜨고 구매할 상황에 처한 고객을 찾아야 한다. 예를 들어 연식이 오래된 자동차를 소지한 고객은 새 자동차를 살 확률이 높은 가망고객이다. 가족 중에 질병이나 재해를 당한 사람이 있으면 보장성 보험의 니즈가 충만한 가망고객이고, 피부가 안 좋은 고객은 기능성 화장품이 필요한 가망고객이다. 더 넓게 보면 취직, 결혼, 출산, 이사, 승진, 상속, 퇴직 등의 상황 변화에 따라 고객의 새로운 니즈가 만들어진다. 고객의 상황 변화를 유심히 살피고 적절한 타이밍에 적합한 상품을 권유하면, 판매 확률을 높일 수 있다.

유능한 영업인은 구매 상황에 있는 고객을 찾아내고, 최고의 영업인은 구매 상황 자체를 만들어 내는 사람이다.

콜드콜을 웜콜로
바꾸어라

7

콜드콜Cold Call은 타깃으로 삼은 가망고객에게 사전약속 없이 전화를 거는 행위를 말한다. 고객의 싸늘한 반응이 예상되기 때문에 콜드콜이라 한다.

콜드콜이 하기 싫은 이유는 불확실성에 대한 두려움, 거절에 대한 두려움 때문이다. 하지만 세일즈에서의 첫 만남은 으레 '전화 걸기'부터 시작하기 때문에, 영업인은 콜드콜에 적극적인 자세를 가져야 한다.

역지사지로 생각해 보면, 상대방의 입장에서는 경계심을 가지는 것이 당연한 일이다. '나는 당신이 누군지 모른다.' '괜히 당신과 엮이고 싶지 않다.' '나는 당신의 회사나 상품에 대해 알고 싶지 않다.' '당신에게 부담감을 느끼고 싶지 않다.' 등등.

영업인은 고객의 차가운 반응을 따뜻하게 만들 수 있는 전략을 세워야 한다. 그리고 자신감을 가지고 능동적으로 고객의 차가운 반응을 맞이해야 한다.

콜드콜을 잘하기 위한 기본 단계를 살펴보자.

1단계. 연결고리를 찾아라.

먼저, 전화를 하기 전에 고객의 인맥, 단체, 관심사에 대한 정보를 최대한 수집해야 한다. 그런 후 그 속에서 영업인과 연결되는 공통분모를 찾아야 한다. 출신학교만 알아도 그 속에서 인맥의 연결고리를 찾을 수 있을 것이고 취미, 종교, 친교활동 등을 알아도 그 속에서 연결되는 인맥이나 공통의 관심사를 찾을 수 있을 것이다. 요즘은 인터넷이나 SNS 검색을 통해서도 고객의 많은 정보를 얻을 수 있다.

이렇게 수집한 연결고리를 활용해 우선 고객에게 신뢰를 얻어야 한다. 첫 몇 마디에서 신뢰를 얻지 못하면 고객은 자신의 아까운 시간을 허비하지 않을 것이다.

연결고리를 통해 고객과의 공감대를 형성하고, 고객에게 신뢰를 심어주면 일단 고객은 경계심을 풀고 영업인의 이야기를 듣게 될 것이다.

2단계. 가치 있는 제안임을 알려라.

연결고리를 통해 경계심을 해소한 후에도 여전히 고객은 영업인을 견제한다. 모르는 영업인에게 부담감을 느끼는 것은 당연한 일이다.

고객이 전화를 끊지 말아야 할 이유를 설명하는 데 주어진 영업인의 시간은 아주 짧다. 짧은 시간 안에 고객의 호기심을 끌 수 있도록 가치 있는 제안을 해야 한다. 세일즈의 목적은 고객이나 고객사의 당면한 현실적인 문제를 해결해 주는 일이다. 영업인의 제안이 고객의 문제를 해결해 줄 가치 있는 내용임을 짧고 명료하게 전해야 한다. 또한 영업인이 제공하는 정보가 충분히 유익한 정보임을 임팩트 있게 인식시켜 고객의 관심을 유발해야 한다.

3단계. 면담 약속을 잡아라.

콜드콜의 목적은 일단 만나는 것이다. 고객이 관심을 보이면 지체 없이 약속을 잡아야 한다.

"수요일 2시나 목요일 4시 중 어떤 시간이 좋겠습니까?" "다음 주 화요일 오후에 그곳에 갈 일이 있는데, 잠깐 인사드리겠습니다." "다음 주 수요일, 목요일 중 한가한 시간을 말씀해 주시면 제가 시간을 맞추겠습니다." 등등.

먼저 약속 시간을 제시하고 고객이 선택하게 만들어야 한다. 대화의 모든 초점을 면담약속 잡기에 맞추어야 한다. 그리고 일단 약속이 잡히면 구체적인 이야기는 차후로 미루고, 약속 시간을 다시 한 번 확인시킨 후 최대한 빨리 통화를 마무리하는 것이 좋다.

전화로 너무 많은 내용을 이야기하면 상담 시의 집중도가 떨어지기 때문이다.

모든 조건을 다 갖춘 상태에서 가망고객에게 전화를 걸 수는 없다. 고객과의 만남은 언제나 불확실한 상태에서 시작하는 거다. 일단 자신감을 가지고 고객의 전화번호를 눌러야 한다.

세일즈는 확률 게임이다. 새로운 사람을 만나는 것은 새로운 기회를 얻는 것이고, 새로운 기회에 최선을 다하면 새로운 고객이 만들어지는 법이다.

이 세상에 처음부터 따뜻한 고객은 없다. 유능한 영업인은 콜드콜Cold Call을 웜콜Warm Call로 바꾸는 사람이다.

세일즈의 키는 키맨이
쥐고 있다

키맨의 중요성

흔히들 사람들은 '세일즈를 잘하기 위해서는 아는 사람이 많아야 한다'고 생각한다. 하지만 내 경험으로는 아는 사람이 많은 것과 세일즈의 결과는 절대 비례하지 않는다. 왜냐하면 양보다는 질이 더 중요하기 때문이다.

많은 사람을 막연하게 아는 것보다는 영업인을 신뢰하고, 상품에 대한 만족도가 크고, 실질적인 도움을 줄 수 있는 소수의 사람과 친밀한 것이 훨씬 좋다. 세일즈 업계에서는 이런 사람을 키맨Key Man이라 부른다.

옥스퍼드 대학의 문화인류학자인 로빈 던바 교수는 제아무리 발이 넓더라도 진정한 인간관계를 맺을 수 있는 사람 수는 150명에 불과하다고 말한다. 이것을 '던바의 법칙'이라 하고, 150을 '던바의 숫자Dunbar's number'라고 한다.

던바 교수의 연구에 의하면 원시부족 마을을 구성하는 주민의 규모가 평균 150명이며, 효과적인 전투를 하기 위해 통제 가능한 부대 인원도 150명이 최적이고, 사회조직에서 집단을 관리하는 최적의 인원도 150명이라고 한다. 결론적으로 SNS상으로 인맥이 수천 명인 사람도 1년에 한두 번이라도 실질적으로 연락하는 사람은 150명 안팎이라는 것이다. 즉 제아무리 발이 넓더라도 진정한 사회적 인간관계의 적정선은 150명이 한계라는 의미다. 던바의 법칙은 인간관계의 넓이보다는 깊이를 강조한다.

세일즈에서의 인맥도 마찬가지다. 페이스북 친구 5천 명보다는 절친한 5명의 인맥이 더 큰 도움이 된다.

세일즈를 잘하는 영업인들의 절대적인 공통점은 그들에게는 든든한 키맨이 있다는 것이다.

세일즈를 통해 성공하고 싶다면 영업인을 믿어주고 전폭적으로 도와줄 수 있는, 영향력 있는 키맨을 반드시 만들어야 한다.

키맨의 조건

키맨은 다섯 가지 조건을 갖춘 사람이다.

첫째, 경제력이 있어야 한다. 지불 능력이 있어야 고객이 되고, 고객이 되어야 키맨이 될 수 있다.

둘째, 인맥이 있어야 한다. 소개를 통한 가망고객 확보가 가장 효율적인 시장확대 방법이다. 키맨의 인맥은 세일즈의 금맥이다.

셋째, 영향력이 있어야 한다. 좋은 영향력을 미칠 수 있는 사람의 소개는 세일즈의 보증수표와 같다.

넷째, 상품 만족도가 높아야 한다. 만족한 고객은 최고의 키맨이다. 상품의 가치를 충분히 인식시켜야 한다.

다섯째, 영업인을 좋아해야 한다. 열성적인 키맨은 영업인에게 반한 사람이다. 영업인의 매력이 최고의 상품이다.

영업인은 경제력, 인맥, 영향력을 갖춘 고객을 만나서 상품의 가치를 인식시키고, 자신을 좋아하게 만들어야 한다.

처음부터 누구에게나 정해져 있는 키맨은 없다. 활동을 하면서 영업인이 만들어 가는 거다. 최고의 영업인은 키맨을 만드는 능력이 탁월한 사람이다.

나는 후배들에게 항상 강조한다. "키맨이 세일즈 성공의 키를 쥐고 있다. 키맨을 최대한 확보하라. 그다음부터 세일즈는 쉬워진다." 이것이 최고의 영업인이 되는 지름길이자, 세일즈 성공의 비결이다.

"세일즈는 머리로 하는 것이 아니라, 발로 하는 것이다. 구두 굽이 닳는 만큼 실적이 나온다."

세일즈를 하면서 수없이 들은 이야기다. 세일즈는 사람과 사람이 만나서 이루어지는 거래 행위다. 당연히 자주 만나야 한다. 만나야 고객과 친해지고, 친해져야 상품 권유도 할 수 있다. 예전이나 지금이나 세일즈는 발품을 팔아야 한다.

단, 내가 영업인들에게 항상 강조하는 것은 '효율적인 발품'을 팔아야 한다는 것이다. 어떤 고객을 만나느냐가 중요하다. '선택'과 '집중'을 잘해야 한다.

거듭 강조하지만, 가망고객을 선택할 때 가장 중요한 요소는 경제력이다. 경제력이 있는 사람을 먼저 '선택'한 후, 그 고객에게 정성을 다해 '집중'해야 한다.

세일즈를 잘하는 사람은 노는 물이 다르다. 세일즈로 성공하기 위해서는 경제력과 인맥을 갖춘 사람들을 친구로 만들어야 한다. 눈을 크게 뜨고 관심을 가지면, 주위에서 키맨이 될 만한 사람을 충분히 찾을 수 있을 것이다. 그들과 먼저 공감의 울타리를 만들어야 한다. 식사도 하고, 운동도 하고, 공부도 하고, 여행도 가고, 봉사 활동도 하면서 그들과 친해져야 한다.

관심을 가지면 상대방이 원하는 것을 알게 되고, 원하는 것을 알면 도울 일이 생긴다. 내가 할 수 있는 일이라면 정성껏 도와야 한다. 세상에 공짜는 없는 법이다.

어떤 사람을 가망고객으로 선택하든, 세일즈를 위해 영업인이 사용하는 시간과 에너지는 똑같다. 전화하고, 만나고, 해결안을 제시하고, 고객으로 만들어야 한다. 한정된 시간과 에너지를 효율적으로 사용해야 한다. 노는 물이 달라지면, 실적의 질이 달라진다.

영업인은 양질의 가망고객을 '선택'하고, 선택한 가망고객에게 '집중'해서 키맨으로 만들어야 한다. 세일즈 성공의 키는 키맨이 쥐고 있다.

매몰고객을
삭제하라!

매몰비용의 오류

　1962년 영국과 프랑스가 힘을 합쳐 세계 최초의 초음속 여객기 '콩코드'를 개발했다. 엄청난 비용을 들였으나 애초에 설계가 잘못되어 실내가 좁고, 소음이 심하고, 연료 소비량도 많았다. 속도는 일반 여객기보다 2배 빠르지만 비용이 너무 비싸 사업성이 없었다. 하지만 투입된 비용이 아까워 중도에 사업을 멈추지 못했고, 급기야 2000년에는 콩코드기 폭발 사고까지 일어나 회사가 도산하게 되었다. 이 사건을 계기로 '콩코드의 오류'라는 신조어가 생겼다.

　이렇게 애초에 잘못 투입된 비용을 경제학 용어로 매몰비용이라 말한다. '매몰비용sunk cost의 오류'란 이미 투입된 노력이나 투자금이 아까워서 사업을 멈추지 못하는 것을 말한다. 한마디로 본전 생각에 일을 망치는 경우다.

그렇다면 세일즈 활동에서는 매몰비용의 오류란 무엇일까? 내가 생각하는 대표적인 매몰비용의 오류는 구매를 미루는 고객을 포기하지 못한 채 계속해서 시간과 노력과 경비를 쏟아 부으며 끌려가는 것이다. 활동 계획표에는 1년 전의 가망고객이 여전히 가망고객으로 남아 있다. 심지어는 3년 전, 5년 전의 가망고객까지 포기하지 못하고 미련을 가진다. 나는 이런 고객을 '매몰고객'이라 부른다. 지금까지 기울인 시간이 아까워서 계속 고객에게 끌려 다니는 것이다.

매몰비용의 오류에서 벗어나야 진정한 영업인이 될 수 있다. 매몰고객에게 집착하면 실적도 매몰되고, 정신도 함께 매몰된다. 세일즈에서의 진정한 용기는 포기할 줄 아는 것이다. 활동 계획표에서 매몰고객의 명단을 과감히 삭제해야 한다.

하지만 영업인이라면 이것이 말처럼 쉽지 않다고 생각할 것이다. 그 마음 나도 충분히 안다. 그래서 계속 매몰고객에게 끌려가는 것이고, 그래서 매몰비용의 오류가 되풀이되는 것이다.

내가 좋은 해결책을 제시하겠다. 활동 습관을 판매 3단계로 바꿔라.

첫 번째 단계는 AFPC^{Approach, Fact finding, Presentation, Closing}이다. 만나서, 정보를 수집하고, 상품 설명을 하고, 계약 권유까지 한 방에 끝내는 거다. 첫 방문의 목적이 단순히 정보 수집이나 상품 설명이 아니라 권유다.

두 번째 단계는 클로징이다. 판매하기 위해 상담하는 것이다.

세 번째 단계는 최종 클로징^{last closing}이다. 판매를 위해 마지막으로 상담을 하는 것이다.

새롭게 만나는 모든 가망고객들에 대해서는 이렇게 세 번까지만 상담을 한다고 애초에 작정을 해두라. 이런 마음으로 일을 하면 세일즈에 임하는 자세가 달라진다. 더 많은 자료와 화법을 꼼꼼하게 준비하고, 더 진지하게 상담을 진행하고, 더 강하게 클로징을 하게 될 것이다. 같은 연인이라도 프러포즈를 하기 위해 만날 때와, 가볍게 영화 한 편 보기 위해 만날 때의 마음 자세는 완전히 다른 법이다.

물론 말처럼 쉬운 일이 아니다. 그래서 미련 때문에 또 끌려가면 내 활동 계획표는 언제나 매몰고객으로 가득 차 있게 될 것이다.

매몰고객을 되풀이해서 만나는 그 시간에 신규 가망고객을 발굴하는 노력을 해야 한다. 궁즉통窮則通, 궁하면 통한다. 만날 사람이 없으면 만날 사람을 찾게 된다. 영업인은 스스로 결단력 있는 활동 습관을 만들어 가야 한다.

매몰계정 관리

판매 3단계를 거쳐서 판매를 하지 못한 가망고객은 매몰계정으로 보내어 별도 관리를 하면 된다. 1차 매몰계정으로 보내진 가망고객은 한 달에 한 번 '매몰계정 관리의 날'을 정해서 한꺼번에 별도로 관리한다. 이렇게 한 달에 한 번씩 6개월 동안 관리를 한다. 전화도 하고, 문자나 자료도 보내고, 그러다가 가능성이 느껴지면 다시 상담 약속을 잡으면 된다.

6개월 후 그중에 미련이 남는 고객은 2차 매몰계정으로 보내어, 3개월에 한 번씩(연간 4회) '2차 매몰계정 관리의 날'에 별도로 관리한다. 3차 매몰계정은 6개월에 한 번(연간 2회) 관리하는 계정이다.

이렇게 체계적으로 가망고객을 관리하면 자연스럽게 매몰고객은 정리된다. 1차 매몰계정에서 한 달에 한 번씩 6회, 2차 매몰계정에서 3개월에 한 번씩 4회, 3차 매몰계정에서 6개월에 한 번씩 2회를 관리하면, 사실상 매몰고객은 2년 6개월 동안 관리한 후 최종 정리되는 셈이다.

중요한 것은 초기 3회 상담에 모든 노력을 집중하는 습관을 만드는 것이다. 만나는 모든 가망고객에게 상품을 팔 수는 없다. 세일즈는 확률 게임이다. 포기할 건 포기하고, 새롭게 준비해서 새롭게 도전해야 한다. 판매 3단계를 통해 매몰고객을 삭제하고, 그 자리에 새로운 가망고객의 명단을 채워라.

가망고객은
내가 결정한다

일단 고객을 만나야 한다

사람들은 대개 영업인을 만나는 것을 부담스러워한다. 하지만 영업인은 법적이나 도덕적으로 문제가 없다면 수단과 방법을 총동원해서 가망고객을 만나야 한다. 세일즈는 일단 고객을 만나야 가부간의 승패가 결정되는 일이다.

중소기업 CEO를 대상으로 금융상품 세일즈를 하는 영업인의 실제 활동 사례를 한번 살펴보자. 공략 대상 회사와 CEO에 대한 사전정보를 최대한 수집한 후, 무작정 돌입방문을 시도한다. 자, 이제 어떻게 사장을 만날 수 있을까?

상상을 해보자. 일단 사무실 안으로 들어서면, 1차 관문인 직원이나 비서를 통과해야 한다. 당신이라면 비서에게 어떻게 말을 걸 것인가?

"저는 모 금융회사에서 중소기업을 대상으로 세일즈를 하는 홍길동입니다. 사장님께 꼭 필요한 정보를 전해 드리기 위해 방문했으니, 명함 좀 전달해 주시기 바랍니다."

이렇게 접근하면 사장을 만날 수 있을까? 아마 십중팔구 거절당할 것이다.

똑같은 경우의 다른 예다. 영업인은 사무실로 들어서자마자 비서에게 다가가 말한다.

"사장님 계시죠?"

"계십니다만, 누구시죠?"

"아, 논현동 홍 사장이라고 전해 주세요."

이렇게 이야기하면 비서의 반응은 어떨까? 당연히 비서는 사장님과 영업인이 잘 아는 사이라고 생각할 것이다. 비서가 사장에게 말한다.

"논현동 홍 사장님이 찾아오셨습니다."

사장의 반응은? 십중팔구는 이럴 것이다.

"논현동 홍 사장? 잘 모르겠는데……. 일단 들어오시라고 하지."

그렇게 사장을 만난 영업인은 우선 반갑게 인사부터 한다.

"사장님, 그동안 잘 지내셨습니까?"

이 경우 사장은 다소 어리둥절한 표정으로 "예…, 안녕하세요…? 그런데 누구시더라…?" 하고 반응할 가능성이 높다. 이때 영업인은 "선배님, 작년에 향우회 모임 때 인사드렸던 홍길동입니다. 기억 안 나십니까?" 하고 응수를 한다. 핫 리딩으로 사전에 고객의 학교, 고향, 모임, 취미 등의 정보를 파악한 덕분이다. 그러면 사장은 "아, 그래요? 몰라봐서 미안합니다." 하면서 대화가 이어질 가능성이 높아진다.

또 다른 예를 들어보자. 병원을 상대로 다양한 컨설팅 세일즈를 하는 영업인이 있다. 병원을 방문해 1차 관문인 간호사에게 명함과 간단한 소개 자료를 원장에게 전해 달라고 부탁한다. 십중팔구는 "시간 없으니 자료만 두고 가세요."는 대답이 돌아온다.

이때 영업인은 즉석에서 쪽지에 메모를 적은 후 접어서 다시 한 번 전달을 부탁한다. 그 쪽지에는 "원장님이 지금 저를 만나지 않으면 평생 후회하게 될 겁니다. 딱! 10분만 저를 만나면 병원의 성공은 물론이고, 원장님 인생이 바뀌게 될 겁니다."라고 적혀 있다.

원장의 반응은 두 가지다. 첫째는 "별 미친놈이 다 있구먼, 그냥 가라고 그래!" 하는 것이다. 반대로 "오냐, 도대체 뭐 하는 놈인지 일단 얼굴이나 한번 보자" 할 수도 있다.

당신은 이 두 사례에 대해 어떻게 생각하는가? 당신도 이렇게 할 수 있겠는가?

첫 번째 사례는 거짓말이라 마음에 걸리고, 두 번째 사례는 엄청난 배짱이 필요할 것이다. 거짓말이 부담된다면 일단 만난 후 "사장님을 간절히 만나고 싶은데, 일반적인 방법으로는 도저히 만날 수 없을 것 같아 이렇게 무례를 범했습니다. 정말 죄송합니다."라고 솔직히 사과할 수도 있을 것이다. 두 번째 사례는 다소 오버를 했지만, 자기 자신과 상품에 대한 강한 확신이 있다면 한번 도전해 볼 수도 있는 방법이다.

당신은 이 영업인들을 미친놈이라 생각하는가? 아니면 대단한 놈이라 생각하는가?

사실 이 두 가지 예시는 내가 잘 아는 후배들의 실제 활동 사례다. 솔직히 말해 내 세일즈 스타일은 아니지만, 내가 여기서 이야기하고 싶은 요지는 영업인은 어떤 방법으로든 '일단 고객을 만나야 한다'는 것이다.

'미친놈'과 '대단한 놈'은 종이 한 장 차이다.

가망고객은 나의 자세나 행동에 의해 결정된다

'가망고객이란, 대상에 대한 나의 자세나 행동에 의해 결정되는 것이다.'

세일즈 세계에 갓 입문한 30년 전, 하라 잇페이의 책을 읽고 내가 생각해 낸 가망고객의 정의다. 이 정의를 실천하면서 나의 세일즈는 공격적으로 바뀌었고, 실적은 최고가 되었다.

매니저 시절에는 이 문구를 사무실 한 면에 가장 큰 글씨로 붙여 놓았고, 매일 아침 조회를 할 때 내가 "가망고객이란?" 하고 외치면 영업인들이 "대상에 대한 나의 자세나 행동에 의해 결정되는 것이다" 하고 복창하게 했다. 이 문구는 내가 맡은 영업 조직에서는 항상 '주기도문'과 같은 것이라, 영업인들이 매일 암송하고 생활 속에서 실천하게 만들었다.

하라 잇페이의 가망고객 발굴 일화를 소개한다.

그가 운전 중에 신호를 대기하다가 우연히 고개를 돌려보니, 최고급 승용차 뒷좌석에 기품 있는 노신사가 앉아 있었다. 신호가 바뀌자 하라 잇페이는 그 차를 쫓아갔다. 노신사는 큰 빌딩 정문에서 내렸고, 차는 지하 주차장으로 들어갔다. 빌딩 경비원을 통해 노신사가 그 회사의 회장이라는 정보를 얻었다. 수소문을 해서 회장님의 집 주소도 알아냈다. 그 회장님은 매일 아침 자기 집 앞 골목길을 빗자루로 청소하는 것으로 하루를 시작한다는 사실을 알았다.

하라 잇페이는 매일 아침 우연을 가장한 필연으로 그 집 앞을 지나면서 회장님과 반갑게 인사를 나누고, 요구르트를 나누어 마시기도 하면서 친한 사이로 발전했다. 그런 후 그 회사 전 직원의 단체보험 계약을 체결했다.

하루는 하라 잇페이가 백화점에서 마음에 드는 넥타이를 발견

했지만, 가격이 너무 비싸 구매를 망설이고 있었다. 그때 한 중년 부인이 나타나 가격표도 보지 않고 그 넥타이를 샀다. 하라 잇페이는 그 부인을 추적해 집을 알아냈고, 그 집 앞 슈퍼마켓에서 부인의 정보를 알아냈다. 그리고 자연스럽게 만나서 친해졌고, 계약을 한 후 절대적인 후원자로 만들었다.

이렇게 하라 잇페이는 언제 어디서든 일상 속에서 가망고객을 발굴했다. 영업인들이 가슴에 새겨야 할 너무나도 소중한 교훈이다.

많은 영업인들이 가망고객을 만나고 싶어 하지만, 아무리 눈을 씻고 찾아봐도 이마에 '가망고객'이라고 써 붙인 사람은 보이지 않는다. 결국 대부분의 영업인들은 가망고객을 찾아 헤매다가 지쳐 중도에 세일즈를 포기한다.

이 세상에 누구에게나 해당되는 가망고객은 없다. 누가 가망고객이 될지는 전적으로 나의 자세와 행동에 달려 있다. 가망고객의 정의는 아무리 시대가 바뀌고, 세일즈 방식이 바뀌어도 절대 변함이 없다.

조 지라드는 '250명 법칙'을 발견하고 최고의 영업인이 되었다. 한 사람의 영향력이 많은 사람에게 미친다는 사실은 누구나 다 아는 이야기다. '가망고객은 나의 자세나 행동에 의해 결정된다.' 이 말 역시 누구든 다 아는 이야기다.

중요한 것은 이것을 법칙으로 정하고 실천하느냐, 하지 않느냐의 차이다. 세일즈는 이해가 아니라 실천이다.

세일즈의 논밭은 임자가 없다

나는 고향 마산에서 무작정 상경해 보험 영업인이 되었다. 나름대로는 열심히 노력했지만, 처음 몇 개월 동안에는 단 한 건의 계약도 체결하지 못했다.

반면 서울 출신에 집안이 좋은 동기생 K는 처음부터 엄청난 실적을 올렸고, 매월 실적 우수상을 휩쓸었다. 그런 그가 얄밉기도 했지만, 마음 한편으로는 무척 부러웠다. 그와 내가 가지고 있는, 눈에 보이지 않는 가망고객 시장의 차이가 너무나 컸다. 애초에 스타트 라인에서부터 큰 차이를 두고 경주가 시작된 것이다.

애초에 불공평한 시합이니 달리기를 포기해 버릴까 하는 생각도 들었다. 하지만 그런다고 누가 알아주는 것도 아니다. 그저 핑계일 뿐이다. '부러워하고, 배 아파 하면 지는 거다.' 마음속으로 오기가 생겼다.

나는 이를 악물고 밤낮으로 가망고객 시장을 개척했다. 그러자 시간이 지날수록 그와의 실적 격차가 좁혀졌고, 급기야 어느 순간 그를 추월했다. 결국 K는 중간에 낙오자가 되었고, 나는 챔피언이 되었다.

어떤 영업인은 열심히 일하는데도 실적이 없고, 어떤 영업인은 열심히 안 해도 집안이 좋고 주변에서 도와주는 사람들이 많아 실적이 우수하다. 이 사실에 대해 불공평하다고 불평하지 마라. 세상은 원래 그런 거다. 어떤 집안, 어떤 부모 밑에서 태어나느냐에 따라 경제력, 외모, 체력, 두뇌 등 모든 것이 애초에 불공평한 상태에서 인생이 시작된다.

세일즈의 세계도 마찬가지다. 어떤 사람은 천석꾼, 만석꾼으로 세일즈를 시작하고, 어떤 사람은 손바닥만한 밭뙈기도 하나 없이 시작한다.

이 차이를 어떻게 극복할 것인가? 방법은 단 한 가지다. 천석꾼이 쉴 때 삽자루, 곡괭이 들고 황무지를 개척하고, 만석꾼이 잠잘 때 씨 뿌리고 거름 주며 논밭을 옥토로 만들어야 한다. 농사를 짓는 논밭은 임자가 정해져 있지만, 세일즈의 논밭은 내가 개척하는 만큼 다 내 것이다.

세일즈는 진검승부를 하는 프로의 세계다. 실적이 없다고 징징대지 말라. 그 시간에 가망고객 시장을 개척하라. 황무지가 옥토가 되고, 그 옥토에서 과실이 열리면 그 몫은 분명 당신의 것이 될 것이다.

LESSON
5

세일즈
성공의 포인트

세일즈의
씨앗을 뿌려라

세일즈를 농심農心으로 하라

뿌린 대로 거둔다. 자업자득自業自得, 인과응보因果應報는 세상의 이치다. 세일즈의 세계에서도 틀림없이 그렇다. 사냥식 세일즈가 아니라 농경식 세일즈를 해야 한다.

사냥식 세일즈는 한탕을 노리는 세일즈다. 덫을 놓고 사냥감이 걸려들기를 기다리거나, 총을 메고 여기저기 무작정 사냥을 나간다. 운이 좋으면 실적을 올리지만, 허탕을 치기 일쑤다.

반면에 농경식 세일즈는 뿌린 만큼 수확하는 세일즈다. 씨를 뿌리기 위해서는 먼저 좋은 밭을 찾아야 한다. 밭이 좋지 않으면 아무리 좋은 씨를 뿌려도 풍요로운 결실을 맺을 수 없다. 밭은 시장이다. 범위를 좁혀서 말하면 가망고객이다. 씨를 뿌리는 것은 가망고객과 만나는 것을 의미한다. 밭에 씨를 뿌려야 싹이 트듯이, 가망고객을 만나야 세일즈가 시작된다.

밭에 씨를 뿌린 후에는 거름을 주고 물을 대고 잡초를 뽑아야 한다. 세일즈도 똑같다. 곡식을 키우듯이 고객을 배양해야 한다. 잠재고객을 가망고객으로, 가망고객을 구매고객으로, 구매고객을 충성고객으로, 충성고객을 후원고객으로 만들기 위해 세심한 정성을 기울여야 한다.

영업인은 농부의 마음을 가져야 한다.

농심農心은 정직한 마음이다. 땀 흘린 만큼 결실을 주고, 심은 것이 열린다. 콩 심은 데 콩 나고, 팥 심은 데 팥 나는 것은 정직한 자연의 이치다. 세일즈도 마찬가지다.

농심은 정성의 마음이다. '곡식은 농부의 발자국 소리를 듣고 자란다'는 말이 있듯이, 고객은 영업인의 정성어린 마음 씀씀이에 감동한다. 그 감동에 마음의 문을 연다.

농심은 인내의 마음이다. 모든 것에는 때가 있다. 씨를 뿌리고 즉시 수확을 바라는 우를 범해서는 안 된다. 세일즈의 결실 또한 단번에 얻어지는 것이 아니다. 묵묵히 감정의 동요 없이 끈기 있게 활동을 하다 보면, 과실이 열리듯이 실적도 열리는 법이다. 그래서 진짜 프로 영업인은 시간이 갈수록 실적이 좋아지는 사람이다.

세일즈 여건이 아무리 어렵고 지금 당장의 실적이 없어도 포기하지 말고, 농심의 마음으로 좋은 밭을 찾아 꾸준히 씨를 뿌려야 한다. 농부의 정성에 씨가 싹이 되고, 싹이 결실을 맺듯이 영업인의 정성에 고객이 감동하고, 그 감동이 풍성한 실적으로 이어질 때 당신도 최고의 영업인이 될 것이다. 이것이 자연의 이치이고, 세일즈의 법칙이다.

긍정적인 Self Talk

성공을 원하는 영업인은 우선 말씨부터 바꿔야 한다. 말씨는 말의 '씨앗'이다. 그래서 '말이 씨가 된다'고 한다.

부정적인 말을 쓰면 부정의 씨앗을 뿌리는 것이고, 긍정적인 말을 쓰면 긍정의 씨앗을 뿌리는 것이다. 성공하기 위해서는 좋은 말씨를 써야 한다. 남에게 하는 말씨보다 우선해서 자기 자신에게 하는 말씨부터 바꿔야 한다.

당신은 평소에 어떤 혼잣말^{Self Talk}을 하는가? 평소에 자주 사용하는 혼잣말이 자기 자신의 진정한 인격이다. 성공하는 영업인과 실패하는 영업인은 Self Talk의 방식이 다르다.

예를 들어 고객에게 거절을 당했을 때, 실패하는 영업인은 "난 왜 이렇게 재수가 없지?" "정말 못해 먹겠네." "이런 진상 고객이 있나." "난 세일즈가 체질에 안 맞아." "이 상품은 정말 문제가 많아." 등의 부정적인 Self Talk를 한다.

하지만 성공하는 영업인은 똑같은 거절을 당해도 "자료를 더 잘 준비해야겠어." "오늘은 고객한테 안 좋은 일이 있었는가 보다." "오늘 또 한 수 배웠어." "힘내자, 이제부터 시작이야." "응대 화법을 좀 더 연구해야겠어." 등의 긍정적인 Self Talk를 한다.

실패하는 영업인은 거절이 지속될 것이라 생각하고, 성공하는 영업인은 거절을 일시적인 현상으로 생각한다. 실패하는 영업인은 매사를 비관적으로 보고, 성공하는 영업인은 어떤 상황도 낙관적으로 본다. 성공하는 영업인과 실패하는 영업인은 똑같은 상황을 받아들이는 마음의 방식이 완전히 다르고, 그에 따른 말씨가 완전히 다르다.

무의식적으로 던지는 혼잣말이 불행의 씨앗이 되기도 하고, 성공의 씨앗이 되기도 한다. 당신은 매일 어떤 씨앗을 뿌리고 있는가? 성공하고 싶다면 당연히 좋은 말의 씨앗을 뿌려야 한다. Self Talk도 습관이다. 의식적으로 긍정적인 Self Talk를 사용하지 않으면, 무의식적으로 부정적인 Self Talk를 사용하게 된다.

긍정적인 Self Talk는 'impossible'을 'I'm possible'로 바꾼다. 우리 모두 긍정의 씨앗, 성공의 씨앗을 뿌리자.

세일즈는 디테일이다

세일즈 루틴

골프에서 루틴routine이란, 샷을 하기 전후에 실시하는 일정한 동작이나 심리적 패턴을 말한다. 골프 선수들은 순간의 분위기에 흔들리지 않고 집중력을 발휘하기 위해 각자의 루틴을 실행한다. 골프뿐만 아니라 모든 종목의 운동선수들이 각자 자신에게 맞는 루틴을 한다. 루틴이 일정해야만 일관성 있고 안정적인 실력을 발휘할 수 있기 때문이다. 이미지 트레이닝도 루틴의 일종이다.

캐나다의 한 농구팀이 실력이 비슷한 선수들을 세 팀으로 나누어, A팀에게는 매일 30분씩 자유투 연습을 시키고, B팀에게는 아예 연습을 안 시키고, C팀에게는 슛을 하는 이미지 트레이닝만 시켜보았다. 그 결과 A팀과 C팀은 똑같이 그 기량이 25%쯤 향상

되었다고 한다. 실제 훈련과 상상 훈련의 효과가 비슷하다는 놀라운 결과가 나온 것이다.

영업인에게도 세일즈 루틴이 필요하다. 가상의 역할 연기인 롤 플레이Role Play를 하는 것도 일종의 루틴이고, 고객을 만나기 위해 이동 중 머릿속으로 상담을 시연해 보는 것도 루틴이다.

나는 중요한 상담이나 강의가 있을 때는 목욕을 하고, 새 옷을 입고, 손목시계를 찬다. 중요한 계약 전날에는 동네 뒷산을 산책하면서 이미지 트레이닝을 한다. 고객을 만나서 인사를 나누고, 상담을 주도하고, 계약을 성사시키는 장면을 상상하면서 걷는다. 큰 강연이 있는 날도 마찬가지다. 단상에 올라서는 순간부터 강의를 마친 후 마무리 멘트를 하는 순간까지의 이미지를 사전에 꼼꼼하게 완성한다.

상담 후의 루틴도 중요하다. 나는 결과가 좋으면 맛있는 식사와 함께 위스키를 한잔 마신다. 상담이 실패로 끝나도 비난하거나 자학하지 않는다. 운동이나 명상을 통해 실패의 나쁜 감정에 빠지지 않도록 노력한다. 그리고 실패한 원인을 분석하고, 마음가짐을 새롭게 한다.

세일즈 루틴은 영업인들이 감정에 휘둘리지 않고, 안정적인 활동을 하기 위해서 꼭 필요한 요소다.

세일즈를 복기하라

바둑의 고수는 자신이 둔 대국을 처음부터 끝까지 다시 놓아 본다. 이것을 '복기'라고 한다. 이창호 9단은 이렇게 말했다.

"재능이 뛰어난 상대를 넘어서는 방법은 오직 노력뿐이다. 더 많이 집중하고 더 많이 생각하는 수밖에 없다. 바둑에는 복기라는 훌륭한 교사가 있다. 승리한 대국의 복기는 이기는 습관을 만들어 주고, 패배한 대국의 복기는 이기는 준비를 만들어 준다."

인공지능 '알파고'와 세기의 대결을 펼쳤던 이세돌은 10년 후에도 알파고와 둔 1승 4패의 그 대국들을 처음부터 끝까지 생생히 복기해 낼 거다.

골프도 그렇다. 골프 초보자는 한 홀 한 홀 정신없이 땅만 보고 공을 친 후 스코어에 집착하지만, 싱글 플레이어는 주변 경치도 구경하고 동료들과 농담을 즐기면서도 경기 후에는 정확히 자신의 18홀을 복기해 낸다.

세일즈도 마찬가지다. 복기를 할 줄 알아야 진정한 프로가 된다. 고객과의 상담 프로세스를 정확히 복기해야 한다. 첫인사와 첫 대화는 어떤 내용이었는지, 어떤 자료와 화법을 사용했는지, 고객의 질문이나 거절에 어떻게 응대를 했는지, 전반적인 상담 분위기는 어땠는지 정확히 복기한 후 이기는 준비를 하고, 이기는 습관을 만들어야 한다.

영업인은 항상 평상심을 유지하고, 고객과의 매 순간에 집중하며, 실수를 줄이기 위해 세심한 노력을 기울여야 한다. 세상만사의 이치는 다 똑같다. 어떤 일이든 이기는 준비를 하고, 이기는 습관을 가지면 이길 수 있는 법이다.

고객을 등급별로 분류하여 관리하라

고객을 등급별로 분류하여 관리해야 한다. 고객을 등급화해야하는 이유는 특별한 고객이 특별한 실적을 만들기 때문이다. 대부분의 업종에서 10%의 특별고객이 50% 이상의 매출을 올린다. 당연히 특별고객은 특별대우를 해야 한다.

백화점에서 특별고객은 VIP 라운지를 이용하고 전용 주차장에 주차를 한다. 은행에서 특별고객은 대여금고를 사용하고 PB룸에서 업무를 본다. 항공사에서 특별고객은 전용 창구에서 수속을 하고, 공항 라운지를 이용한다. 일등석을 이용하면 이륙 전에 기장이 와서 이름을 부르며 안부 인사를 한다. 특별대우 받는 맛에 특별석을 타는 거다.

영업인도 당연히 고객을 등급별로 분류하여 관리해야 한다. 일반고객, 충성고객, VIP고객으로 등급별 리스트를 만들어, 시간과 경비와 노력을 차등적으로 사용해야 한다. 이것은 일반고객을 무시하라는 뜻이 아니라, 특별한 고객을 특별히 우대하라는 뜻이다.

영업인이 사용할 수 있는 시간과 경비와 에너지는 한정되어 있기 때문에, 고객에 맞게 효율적으로 배분해야 한다. 특별고객에게는 전화도 자주 하고, 방문도 하고, 좋은 정보도 보내고, 인적 네트워크를 활용한 다양한 서비스도 제공하고, 특별한 날에는 정성이 담긴 선물도 해야 한다.

세상에 공짜는 없다. 차별화된 고객 관리가 차별화된 실적을 만든다.

기존 고객을 놓치지 마라

"판매를 하기 전에는 자주 찾아오더니, 판매 후에는 연락조차 없다"고 고객이 영업인을 욕하는 소리를 종종 듣는다. 하지만 놀랍게도 대부분의 영업인들은 자신의 고객이 이런 불만을 가지고 있다는 사실 자체를 모른다.

이유는 시각의 차이 때문이다. 영업인은 고객을 '1 : 다수'로 보지만, 고객은 영업인을 '1 : 1'로 본다. 영업인의 입장에서는 매달 목표 실적을 달성하기 위해 새로운 가망고객을 만나야 하지만, 기존 고객은 영업인이 항상 자신에게 관심을 가져주기를 바란다. 성공하는 영업인이 되기 위해서는 이 사실을 인지하고 고객 관리에 최선을 다해야 한다.

가장 쉽게 할 수 있는 일이 전화나 문자다. 하지만 문자는 너무 자주, 형식적이고 의례적으로 보내면 오히려 역효과가 날 수 있다. 통속적인 격언이나 영혼 없는 메시지는 오히려 거부감과 피로감을 주기 때문이다. 고객과의 소통은 자연스러워야 하고, 공감해야 하고, 정보가 있어야 한다. 항상 역지사지로 생각하고 섬세하게 소통해야 한다.

만족한 고객은 최고의 후원자다. 10명의 신규 고객을 만드는 것도 중요하지만, 1명의 기존 고객을 놓치지 말아야 한다.

인적 네트워크를 만들어라

토끼와 거북이가 달리기 시합을 한다. 토끼가 앞서서 달리다가 나무 그늘에서 잠이 들고, 결국 거북이가 경주에서 이긴다. 이 이야기의 교훈은 천천히 가더라도 꾸준히 가면 이긴다는 것이다.

반성을 한 토끼가 다음 날 다시 시합을 제의한다. 이번에는 토끼가 쉬지 않고 빠르게 달려 목표점에 먼저 골인을 한다. 이 이야기의 교훈은 빠르게 꾸준히 달려가면 이긴다는 것이다.

다음 날 거북이가 토끼에게 재시합을 요청한다. 단, 방법을 바꾸어 경기를 하자고 제의한다. 스타트를 하자 토끼는 잽싸게 달려

나가지만 잠시 후 강을 만난다. 강을 건너지 못해 당황하고 있는데, 천천히 오던 거북이가 강을 건너 골인 지점에 먼저 도착한다. 이 이야기의 교훈은 핵심역량을 키워야 한다는 것이다.

다음 날에는 토끼와 거북이가 함께 협력해서 달리기를 한다. 육지에서는 토끼가 거북이를 등에 업은 채 달리고, 강에서는 거북이가 토끼를 업은 채 건너서 가장 좋은 기록으로 목표점을 통과한다. 이 이야기의 교훈은 서로 협력하면 최고의 성과를 거둘 수 있다는 것이다.

세일즈도 마찬가지다. 내가 모든 것을 다 잘할 수는 없다. 핵심역량을 가진 파트너를 활용해야 장기적으로 안정적인 성과를 거둘 수 있다. 달리기를 잘하는 토끼의 역량과 수영을 잘하는 거북이의 역량뿐만 아니라 사냥을 잘하는 사자의 역량, 힘이 센 코끼리의 역량까지 총동원해 최고의 성과를 거두어야 한다.

영업인은 고객의 다양한 니즈를 해결해 줄 전문가로 구성된 인적 네트워크 시스템을 만들어야 한다. 고객이 법인이라면 노무, 세무, 자금, 교육 등의 다양한 컨설팅을 제공하고, 고객이 개인이라면 투자, 소송, 여행, 건강, 기타 고민거리를 나를 통해 해결하도록 일원화시켜야 한다. 최고의 영업인은 최고의 인적 네트워크 시스템을 가진 사람이다.

영업인의
이미지 메이킹

'초두 효과'에 집중하라

먼저 입력된 정보가 나중에 알게 된 정보보다 더 강력한 영향을 미친다. 그래서 대인관계에서 첫 이미지가 중요하다. 영업인이 고객을 만날 때는 더 말할 필요가 없다.

사람은 만난 지 3초 만에 상대방을 판단한다고 한다. 판단의 근거는 시각과 청각이다. 즉 외모와 목소리가 첫인상을 결정짓는다는 것이다.

메라비언의 법칙에 의하면, 상대방과 나누는 대화에서 말의 내용이 차지하는 비중은 고작 7%이며, 목소리가 38%, 외모가 55%의 비중을 차지한다고 한다. 여기서 외모는 복장이나, 제스처·표정 등을 포함한 보디랭귀지를 말한다. 청각이 38%, 시각이

55%라는 것은 비언어적인 요소가 차지하는 비중이 무려 93%라는 말이다.

외모는 얼굴face이 아니라, 전체적인 이미지image를 말한다. 타고난 외모는 바꿀 수 없지만 이미지는 바꿀 수 있다. 당당한 모습, 단정한 외모, 전문가다운 이미지는 노력하면 얼마든지 바꿀 수 있다. 의외로 성공한 영업인들 중에는 선천적인 외모가 볼품없는 사람들이 많다. 이들은 자신의 핸디캡을 후천적인 노력으로 극복한 진정한 승자들이다.

사실 나도 객관적으로 외모가 떨어지는 편에 속한다. 키도 작고, 인상도 차갑고 냉정하게 보이는 편이다. 그래서 나는 고객을 만날 때는 의도적으로 목소리를 크게 하고, 표정에 변화를 많이 주고, 제스처를 과감히 사용한다. 외모의 핸디캡을 다른 곳으로 분산시키는 나만의 노하우다.

목소리도 마찬가지다. 타고난 목소리는 바꿀 수 없지만 자신감 있는 목소리, 또박또박한 말투, 논리 정연한 표현력은 노력하면 얼마든지 바꿀 수 있다. 진짜 프로 영업인은 노력을 통해 자신의 핸디캡을 장점으로 바꾸는 사람이다.

웃는 얼굴을 하라

어떤 기업인이 사업에 고전하자 데일 카네기를 찾아가서 "도대체 어떻게 해야 당신처럼 성공할 수 있습니까?" 하고 물었다. 그러자 카네기는 이렇게 조언을 했다.

"당신은 찌푸린 얼굴이 문제입니다. 지금 당장 거울 앞에서 웃는 연습부터 하세요. 그리고 만나는 모든 사람들에게 먼저 웃으면서 인사를 하세요."

그날 이후 기업가는 아침에 일어나서 아내로부터 시작하여 청소부, 경비원, 사무실 직원 등 눈이 마주치는 모든 사람에게 웃으며 큰 소리로 인사를 했다. 그러자 사업이 저절로 성공하게 되었다고 한다. 시사해 주는 바가 큰 이야기다.

내 인생의 멘토, 하라 잇페이도 볼품없는 외모를 지닌 사람이었다. 하지만 그는 거울 앞에서 하루도 거르지 않고 웃는 연습을 해서 '천 가지 웃음을 가진 사나이'라는 별명을 얻었다.

'웃는 얼굴에 침 뱉지 못한다'는 속담이 있다. 고객이 제아무리 기분이 안 좋아도 웃고 있는 영업인에게는 호감을 가지게 마련이다. 웃음은 자신감의 표현이자 상대방에 대한 존중의 표현이다. 웃음은 전염성이 강해서, 내가 웃으면 고객도 웃는다.

"깜박하고 집에 지갑을 두고 와서 그러는데, 죄송하지만 버스비 좀 빌려주세요."

이런 사람을 길거리에서 한 번쯤 마주친 적이 있을 것이다. 당신은 돈을 빌려주는가? 대부분 빌려주지 않을 것이다. 왜냐하면 상대방의 말이 거짓말이라고 느껴지기 때문이다.

거짓말이라고 생각하는 가장 큰 이유는 상대방의 복장 때문이다. 복장에 대한 사람의 반응은 무조건 반사에 가깝다. 여러 가지 실험 결과도 이를 증명한다. 백화점이나 레스토랑에 갔을 때, 길거리에 쓰러져 있을 때, 돈을 빌릴 때 등의 경우에 옷차림에 따라 상대방을 대하는 사람의 반응이 천양지차임을 우리는 잘 알고 있다. 겉치레는 중요하지 않다고 말하지만, 실제로 우리는 겉모습을 통해서 사람을 평가한다. 경제력은 물론이고 지적 수준이나 교양, 신분, 심지어 인격까지 그 사람의 옷차림을 통해 판단한다. 사실 여부는 그다음의 문제다.

복장이 바뀌면 상대방의 평가뿐만 아니라, 자기 자신의 마음가짐이나 태도도 바뀐다. 무엇을 입고 있느냐에 따라 말투도 바뀌고, 행동도 바뀐다. 그래서 복장이 중요하다.

'당당하게 구걸하라'는 말이 있다. 잘 차려입은 거지가 밥도 쉽게 얻어먹는 법이다. 영업인의 경우 먹는 것은 자신을 위해 먹지만, 입는 것은 고객을 위해 입어야 한다. 영업인의 복장은 고객에 대한 최소한의 예의다.

그렇다면 영업인은 어떻게 옷을 입어야 할까? 요즘 같은 개성 시대에 딱히 정답은 없다. 자기 스타일에 맞게 입되 단정하게, 전문가답게 입어야 한다. 그리고 복장은 장소나 분위기에 따라 달라져야 한다. 사적인 자리나 편한 자리에서의 딱딱한 정장은 분위기를 어색하게 하고, 인간미가 없어 보일 수 있다.

선천적인 외모는 바꿀 수 없지만, 복장은 바꿀 수 있다. 상품의 내용물은 바꿀 수 없지만, 포장은 바꿀 수 있다. 포장에 따라 상품의 가치가 달라지듯, 복장에 따라 사람의 가치도 달라진다.

사람은 당연히 외모보다 내면이 더 중요하다. 하지만 현실에서는 내면보다 우선 외모로 사람을 판단한다. 거울 속에 비친 자신의 모습을 살펴보라. 그리고 샤넬의 창시자 코코 샤넬의 말을 음미해 보라.

"상대방을 외모로 판단하지 마라. 그러나 명심하라. 당신은 외모로 판단될 것이다."

성공하는
영업인이 되려면…

영업인의 냉정과 열정

냉정과 열정은 영업인의 성공 동력이다. 냉정과 열정은 동전의 양면이다. 사람들은 흔히들 '열정을 가져라'고 말하는데, 세일즈의 세계에서는 먼저 철저히 냉정해져야 한다.

냉정은 있는 그대로를 인정하는 데서 시작된다. 현재 자신의 세일즈 역량과 활동 시장을 냉정하게 직시하고, 지식과 기술을 연마하고 양질의 가망고객을 발굴해 나가야 한다. 자신이 변화시킬 수 없는 회사의 정책이나 제반 규정, 상품을 탓하지 말아야 한다. 불평이나 넋두리는 성공을 가로막는 가장 큰 장애물이다. 현재의 환경이나 여건을 있는 그대로 인정하고, 절대긍정의 마인드로 성공의 방법을 찾아야 한다.

냉정은 자존심을 버리는 데서 생겨난다. 영업인의 자존심은 대부분 열등감에서 비롯되는데, 이것을 극복하지 않으면 쓸데없는 감정에 사로잡히게 되고, 냉정함을 잃게 된다. 자존심은 내가 받아들이는 마음이다. 내가 마음 상하지 않으면 아무런 감정도 아니다. 영업인의 진정한 자존심은 세일즈를 통해 성공자가 되는 것이다. 큰 자존심을 위해 작은 자존심은 버려야 한다. 큰 자존심을 성취하면 작은 자존심은 성공 스토리 속의 아름다운 추억이 된다.

영업인은 자신과 현실에 대한 냉정함을 가질 때, 비로소 성공으로 향하는 출발선에 설 수 있다. 자신과 현실에 대해 철저히 냉정해져야 냉정을 도전의 열정으로 바꿀 수 있기 때문이다.

냉정은 성공으로 향하는 출발선이다. 그리고 그 출발선을 박차고 나아가 목적지에 이르게 하는 것이 열정이다. 열정은 성공으로 향하는 도전 열차의 에너지원이다.

열정도 습관이다. 막연한 열정을 단단한 습관으로 만들 때, 비로소 성공을 향한 영업인의 도전이 시작된다.

상위 20% 안에 못 들면 꼴등이다

당신은 아는 지인이 영업인이 되어 불쑥 찾아와 상품을 권유할 경우 어떻게 대응하는가? 나에게도 간혹 예전에 알았던 지인들이 갑자기 연락을 해온다. 그들은 대부분 자신이 하는 일과 상품에 확신을 가지고 있고, 기필코 성공할 거라 장담한다. 하지만 나는 아무리 친한 사람이 부탁을 해도 지금 당장 필요한 상품이 아니라면 단호히 거절한다. 대신 그들에게 한 가지 약속을 해준다.

"3년 후에도 그 열정이 변함없고 지금의 회사에서 계속 일하고 있다면, 그때 다시 찾아와라. 그러면 지금 제시한 상품의 세 배를 사주겠다."

내 나름의 정형화된 거절 화법이다. 그렇다면 실제로 3년이 지나 다시 찾아온 영업인은 몇 명이나 될까? 내 인생 통틀어 단 두 명뿐이다.

업종에 따라 차이는 있겠지만 영업인의 13개월 차 잔존율은 약 40%, 36개월 차 잔존율은 약 20% 남짓이다. 그나마 정규직이나 기본급이 있는 영업직은 상대적으로 정착률이 다소 높은 편이다.

나는 개인적으로 기본급도 없고 상한선도 없는 세일즈가 진짜 세일즈라 생각한다. 이런 프로 세일즈의 세계에서는 3년이 지나면 그야말로 10 중 8~9는 중도에 그만둔다. 그래서 세일즈는 아무나 할 수 있을지 몰라도, 아무나 성공하는 일이 절대 아니다.

얼마 전 부산의 모 상조회사에 강연을 갔다가, 반가운 영업인을 만난 적이 있다. 20년 전 신인 시절에 나에게 상품을 권유했다가 호되게 거절을 당했던 영업인인데, 아직도 그 회사에서 근무를 하고 있었다. 그녀는 내게 거절당한 사실을 평생 잊지 못했고, 이를 악물고 노력해서 유능한 영업인이 되었다고 말했다. 얼마나 대견하고 반갑던지 나는 그날 자진해서 그녀의 계약자가 되었다.

세일즈는 선택하기 전에 충분히 신중해야 하고, 선택했으면 적어도 3년은 그 일에 집중해야 한다. 내 생각에는 어떤 일이든 3년은 해야 그 일에 대해 논할 수 있는 자격이 주어지기 때문이다.

또한 세일즈를 통해 성공하려면 최소한 상위 20% 내에는 들어야 한다. 단지 세일즈를 하는 것이 목적이 아니라 기필코 성공해서 존재 가치를 인정받아야 한다. 세일즈의 세계에도 파레토의 법칙(20:80 법칙)은 정확히 적용된다. 상위 20%가 80%의 성과를 내고, 80%의 수입을 가져간다. 바꾸어 말하면 하위 80%가 20%의 성과를 내고, 그 20%의 수입을 나누어 가진다. 따라서 상위 20%는 세일즈의 성공 대열이다.

일반적으로 사람들은 세일즈를 통해 성공할 확률이 매우 낮다고 말한다. 20%만 성공하니 어쩌면 맞는 말이다. 하지만 엄밀히 생각하면 이것은 통계의 오류다. 내가 볼 때 세일즈는 성공할 확률이 다른 어떤 업종과 비교해도 높은 편이다. 왜냐하면 20%나 성공하기 때문이다.

말단 공무원 시험도 수십 대 일의 경쟁을 뚫어야 하는 시대다. 대기업에 입사하려면 일류대학을 졸업하고 역시 수십 대 일의 경쟁에서 이겨야 한다. 그리고 그렇게 입사한 후에도 그 속에서 치열한 경쟁을 해야 한다.

반면에 세일즈 업종은 어떤가? 업종에 따라 차이는 있겠지만, 대부분 입사까지는 비교적 쉽다. 그렇게 큰 경쟁 없이 들어와서 20% 안에만 들면, 그러니까 5대 1의 경쟁만 뚫으면, 타 업종에 비해 더 큰 보상을 받고 더 나은 삶을 살 수 있다. 이 정도면 엄청나게 성공 확률이 높은 것 아닌가?

그래서 성공을 원하는 영업인은 상위 20% 안에 못 들면 꼴등이라 생각해야 한다. 성공 대열인 상위 20% 안에 못 들면 실제로는 꼴등이기 때문이다.

세일즈는 야생의 세계다

영업인은 야생의 사자다. 우리 속 사자는 울타리에 갇혀 살지만, 야생의 사자는 더 넓은 초원을 마음껏 달리며 자유롭게 산다. 우리 속 사자는 조련사가 던져주는 먹이만 받아먹지만, 야생의 사자는 사냥 기술만 익히면 더 다양하고 맛있는 먹이를 마음껏 즐길 수 있다. 하지만 사냥을 못하면 굶어죽는다.

영업인은 시공을 초월해서 일을 하는 사람이다. 눈떠 있는 시간이 일하는 시간이고, 속해 있는 공간이 일하는 일터다. 일하면서 놀고, 놀면서 일한다. 내가 떠나고 싶을 때 어디로든 떠날 수 있고, 내가 일하고 싶을 때는 언제 어디서든 일할 수 있다. 다양한 사람을 만나고, 다양한 경험을 하며, 다양한 공부를 할 수 있다. 능력에 따라 무한대의 급여를 받을 수 있고, 일정 경지에 오르면 꿈에 그리던 자유인의 삶을 살 수 있다. 반면에 실적이 없으면 고달프기 짝이 없는 일이다.

영업인은 야생의 삶을 스스로 선택한 사람이다. 야생에서는 눈을 뜬 순간부터 모험이 시작된다. 영업인은 매일 스릴에 찬 모험 속에서 살아간다. 이왕 선택한 야생의 삶이라면 마음껏 모험을 즐기고, 마음껏 성취해야 하지 않겠나?

세일즈는 프로의 세계다

학교 선생님과 학원 선생님 중 누가 더 학생을 열정적으로 가르칠까? 정답은 학원 선생님이다. 왜냐하면 학생과 학부모가 평가를 하기 때문이다. 못 가르치면 절대로 그 학원에 안 간다.

샐러리맨과 세일즈맨 중 누가 더 열정적으로 노력해야 할까? 정답은 당연히 세일즈맨이다. 매일 고객에게 평가를 받기 때문이다. 세일즈를 못하면 고객은 상품을 안 사고, 고객이 안 사면 세일즈맨은 굶어야 한다.

우리나라 배우의 연평균 수입은 상위 1%가 20억 800만 원이고, 하위 90%가 620만 원이다. 수입 격차가 무려 324배다. 가수의 경우는 격차가 더 심하다. 상위 1%의 연평균 수입은 42억 6,400만 원인 반면 하위 90%의 평균은 870만 원이다. 수입 격차가 490배에 이른다(2017년 10월 18일 자 중앙일보 기사).

이 통계는 프로 세계의 냉정함을 명백하게 보여준다. 연예인도 자신의 연기력을 파는 영업인이고, 내가 몸담고 있는 교육계의 강사도 강연을 파는 영업인이다.

프로의 세계는 다 그렇다. 프로는 몸값을 스스로 정하는 사람이다. 하지만 분명한 사실은 어느 분야의 누구든 처음부터 최고가 될 수는 없다. 최고의 연예인에게도 무명 연습생 시절이 있었고, 프로에게도 아마추어 시절이 있었다. 눈물 젖은 빵을 먹던 시절이 있었기에, 성공했을 때의 희열도 큰 법이다.

세일즈의 세계 역시 냉정한 프로의 세계다. 영업인의 인격은 급여통장에 찍힌 숫자다. 나도 처음 6개월 동안에는 급여통장에 찍히는 숫자가 거의 제로(0)였다. 하지만 그 숫자가 100만 원이 되고, 1,000만 원이 되고, 나중에는 1억 원을 넘어 남들이 상상하지 못할 숫자가 되었다. 내가 힘든 시절을 극복하지 못하고 중간에 포기했더라면 이런 성취도 없었을 것이다.

세일즈의 세계에 뛰어든 이상, 지금의 현실을 냉정하게 직시하고 미래의 최고가 되기 위해 열정을 쏟아야 한다. 현재의 실적이 비록 꼴등이라도 내일은 성공 대열인 상위 20%를 넘어 상위 1%가 되겠다는 도전 정신으로 전력 투신하라!

이기적인
영업인이 되어라

이기적인 giver가 되어라

애덤 그랜트^{Adam Grant}의 『기브 앤 테이크』에서는 사람을 세 부류로 구분한다.

첫째, 테이커^{taker}. 준 것보다 많이 받기를 바라는 사람. 손해 보는 짓은 절대 안 한다.

둘째, 매처^{matcher}. 준 것만큼 받기를 원하는 사람. 받은 만큼 돌려준다.

셋째, 기버^{giver}. 주는 것 자체에 만족하는 사람. 항상 손해 보는 유형이다.

당신은 어느 부류에 속하는가?

세 부류 중 테이커가 대인관계에 가장 적극적이다. 이들은 영향력 있는 동료나 힘 있는 상사와 친해지기 위해 최선을 다한다. 테이커는 목표 지향적인 사람이다. 처음에는 기버와 구분하기가 힘들지만, 목적을 이룬 후에는 돌변하기 때문에 장기적으로 봐야 구분할 수 있다.

매처는 좋은 것이든 나쁜 것이든 받은 만큼 돌려주는 스타일이다. 테이커가 부탁하면 냉정히 거절하나, 기버가 부탁하면 적극적으로 도와준다.

기버는 다소 어리석어 보이지만 믿을 수 있는 사람이다. 이들은 항상 손해 보는 것같이 살아간다.

세 부류 중 누가 성공 확률이 가장 높을까? 정답은 기버다. 실패 확률은 누가 높을까? 역시 기버다.

벨기에 의과대학의 실험 결과는 시사해 주는 바가 크다. 의대생 중 '기버'들의 성적 연구 결과에 의하면, 기버는 1학년 때 성적이 평범했으나 7년 차에는 성적이 압도적으로 우수했다고 한다. 학년이 높아질수록 팀별 발표, 회진, 진료 등의 업무를 하게 되면서 배려심이 있고 서비스 마인드가 있는 사람이 환자에게 인정받고, 교수에게 신임을 얻기 때문이다.

세일즈의 세계도 마찬가지다. 단기적으로는 테이커가 성공하는 것 같지만, 장기적으로는 기버가 성공한다. 기버는 신뢰를 저축하는 사람이다. 손해 보는 것 같지만 실질적으로는 이득을 본다. 신뢰는 복리로 불어나는 재테크와 같아서 시간이 지날수록 그 결실도 커지기 때문이다.

반면에 실패하는 기버는 어떤 사람일까? 이들은 다른 사람들을 도와주기만 하고 자기 자신은 챙기지 못한다. 또한 이기심을 죄악시하기 때문에, 세일즈 업종에는 맞지 않는 유형이다. 성직자나 사회봉사를 업으로 삼는 사람들이 이 부류에 속한다.

흔히들 사람들은 이기심을 나쁘게 이야기하지만, 이기심은 절대 나쁜 감정이 아니다. 성공하고 싶은 마음도 일종의 이기심이다. 영업인은 당연히 불타는 이기심을 가져야 한다. 이기심과 이타심은 상호 배타적인 양 극단이 아니다. 이기심은 나를 위한 마음이고, 이타심은 남을 배려하는 마음이다. 이타심이 없는 이기심이 문제지, 이기심 자체는 성공의 동력이 되는 좋은 감정이다.

고객을 배려하는 마음 없이 나의 욕심만 채우는 영업인은 세일즈의 세계에서 장기적으로 절대 성공하지 못한다.

영업인은 이기심과 이타심 둘 다를 가져야 한다. 개인적인 성공을 위해 최선을 다하면서, 가슴속에는 고객을 우선시하는 따뜻한 배려의 마음을 가져야 한다. 영업인은 철저히 이기적인 기버가 되어야 한다.

사촌이 땅을 사면 배가 아픈 것이 사람들의 보편적인 심리다. 그 이유는 사촌이기 때문이다.

1촌인 아버지가 로또에 당첨되면 배가 아플까? 동생이 장학금을 받았다고 속상할까? 손흥민 선수가 연봉을 수백억 받는다고 배 아픈 사람이 있을까?

자신과 적당하게 가깝고 비교 대상이 되는 주위 사람이 성공해야 배가 아픈 법이다. 어떤 신문에서 직장인들에게 '직장 생활에서 가장 힘들고 괴로울 때는 언제였는지' 설문조사를 한 결과, 입사 동기가 먼저 승진했을 때라는 응답이 압도적으로 많았다고 한다.

이민규 교수의 『1%만 바꿔도 인생이 달라진다』에 따르면 사람의 시기심에는 네 가지 유형이 있다.

첫째, '적대적인 시기심'. 자신이 소유하기를 갈망하는 것을 타인이 소유했다는 사실에 적대감을 느끼는 경우다.

둘째, '우울한 시기심'. 상대방이 정당하게 소유했다고 인정하지만 자신은 소유할 능력이 없을 때 느끼는 감정이다.

셋째, '분노에 찬 시기심'. 상대방이 정당하지 못한 방법으로 소유했다고 판단될 때 느끼는 감정이다.

넷째, '야심에 찬 시기심'. 상대방의 소유를 인정하면서 나도 그렇게 되어야겠다고 생각하는 감정이다.

당신은 어떤 종류의 시기심을 가지고 있는가?

나도 시기심이 엄청 많은 사람이다. 필드 세일즈 시절, 동료가 우수한 실적을 올려 큰 상을 받는 모습을 지켜보면 나도 모르게 시기심이 끓어올라 가슴이 마구 뛰었다. 시기심에 불타 잠 못 이루는 밤을 보낸 적이 한두 번이 아니었다. 내가 시상대에 올라 멋있게 수상소감을 발표하는 장면을 수없이 떠올렸다. 그 시기심이 나를 더욱더 열심히 일하게 만들었고, 그 동력으로 나는 세일즈 챔피언이 되었으며, 수많은 기네스 기록을 남기게 되었다.

야심에 찬 시기심은 성공의 원동력이다. 심장이 터질 듯한 시기심을 즐겨라. 그리고 사촌이 땅을 사면 웃으면서 축하의 밥을 사라.

세일즈 매니저의
Role, Rule, Ship

치열한 '팔자 생존'의 세계에서 세일즈 매니저로 성공하기 위해서는 Role과 Rule과 Ship을 갖추어야 한다. 지금부터 세일즈 매니저 성공의 3요소의 정의와 구축 방법에 대해 살펴보자.

매니저 롤(role)은 '다수와 양질의 생산라인을 구축하는 것'

세일즈에서의 생산라인은 사람, 즉 영업조직을 말한다. 세일즈 매니저는 다수와 양질의 생산라인을 구축해야 한다.

팀 단위의 작은 조직을 관리하는 팀장은 현장에서 직접 영업인을 모집하는 역할을 해야 하고, 규모가 큰 조직을 관리하는 지점장이나 본부장은 영업인을 면접하고 교육하고 독려하는 역할을 통해 생산라인을 구축해야 한다. CEO는 적재적소에 적합한 사람을 배치하고, 장기적인 비전을 수립하며, 생산라인이 안정적으로 가동될 수 있도록 조직을 총괄해야 한다. 조직의 규모에 따라 매니저의 역할이 다를 뿐, 궁극적인 롤Role은 똑같은 것이다.

'다수와 양질의 생산라인 구축'을 한마디로 표현하면 리크루트Recruit다. 영업조직의 매니저는 리크루트를 잘하면 누구든지 영웅이 될 수 있고, 못하면 아무리 잘난 사람도 바보가 된다. 리크루트는 세일즈 매니저의 영원한 숙제이자 성공의 열쇠다.

세일즈 교육 과정 중에서도 리크루팅 교육이 가장 어렵다. 다양한 영업조직의 매니저들이 리크루트를 잘하기 위해 수많은 교육을 받고 있지만 거의 실전 적용이 불가능한 이론 위주의 교육이거나, 선배들의 장황한 경험담이 대부분이다. 리크루팅에 관련된 책들도 하나같이 추상적이고 원론적인 이야기로 가득하다.

어려운 것일수록 단순화시켜야 한다. 내가 생각하건대, 리크루트를 잘할 수 있는 방법은 딱 두 가지다.

(1) 시공을 초월한 리크루트 활동을 일상화해야 한다.

언제 어디서든 세일즈에 적합해 보이고 성공 가능성이 엿보이는 후보자를 만나면, 함께 일해 볼 것을 적극적으로 권유해야 한다.

눈을 크게 뜨고 유심히 관찰하면 후보자가 보인다. 친목모임에서든, 봉사단체에서든, 동창회에서든, 교회에서든 관심을 가지면 세일즈에 적합한 후보자가 눈에 띈다. 자질이 좋아 보이는 불특정 다수의 후보자들에게 적극적으로 자신이 하는 세일즈의 장점과 비전 그리고 성공 가능성을 소신 있게 이야기해야 한다. 당연히 선택은 본인들의 몫이다.

세일즈 매니저의 역할은 일단 권유를 하는 것이다. 확률이 낮고 다소 사람이 가벼워 보여도 팀 매니저로 성공하기 위해서는 권유가 일상이 되어야 한다.

이쯤에서 당신은 마음속으로 이렇게 생각할 수도 있을 것이다.

'나는 조직의 규모가 큰 상위 매니저 역할은 잘할 자신이 있는데, 현장에서 직접 리크루팅을 해야 하는 팀 매니저 역할은 정말 체질에 맞지 않아!'

정말 그럴 수도 있다. 내가 보기에도 지금보다 더 큰 역할을 수행하기에 충분한 자질과 리더십을 갖춘 세일즈 매니저가 많이 있다.

하지만 모든 것은 때가 있는 법이다. 아무리 해머 같은 큰 역할을 할 수 있는 매니저라도 일단 해머로 못을 박을 줄 알아야 한다. 해머로 못을 박을 수 없는 매니저에게는 영원히 해머의 역할을 맡기지 않는 것이 영업조직이기 때문이다. 힘이 들어도 해머로 못을 박아야 한다. 그래야 미래에 규모가 큰 영업조직을 총괄하는 멋진 매니저가 될 수 있다.

후보자는 세일즈 매니저의 모습을 통해 미래의 자기 모습을 본다. 성공을 논하는 당신에게 성공한 사람의 모습이 엿보이지 않는다면, 아무리 성공 비전을 이야기해도 공염불이다.

거울 속에 비친 자신의 모습을 보라! 당신 같으면 당신에게 당신 인생을 걸겠나? 세일즈 매니저는 먼저 자기 자신부터 성공자의 모습으로 몸과 마음을 닦아야 한다.

내가 이야기하는 성공자의 모습은 좋은 차를 타고, 명품 옷을 입는 등의 겉치레를 이야기하는 것이 절대 아니다. 나는 속은 빈 채 겉멋만 든 영업인을 가장 싫어한다. 세일즈 매니저로서의 당당한 멋을 갖추어야 한다는 말이다. 단정한 외모, 자신감 있는 태도, 신뢰감과 인격을 갖춘 매력적인 사람이 되어야 한다.

나는 세일즈 매니저 시절, 아침 출근을 위해 집을 나서기 전 거울 속에 비친 내 눈을 똑바로 쳐다보며 이렇게 묻고 답하곤 했다.

"석태야, 너 같으면 너한테 네 인생 걸겠나?"

"당연하지!"

사람의 근본을 바꿀 수는 없다

공자에게 재여라는 제자가 있었다. 재여는 언변이 뛰어나지만 천성이 게으른 사람이었다. 하지만 공자는 다른 제자와는 다르게 재여에게는 잔소리도 하지 않고 눈길도 주지 않았다. 제자들이 공자에게 물었다.

"스승님은 어찌하여 재여에게는 가르침도 주지 않고, 잘못을 고치게 하지도 않습니까?"

공자는 간단하게 답했다.

"후목불가조야(朽木不可彫也 : 썩은 나무에는 조각을 할 수 없다)!"

세일즈 매니저 시절, 나도 한때는 많은 시간과 에너지를 쏟아 사람의 근본을 바꾸려고 노력했었다. 하지만 결국 되풀이해서 돌아오는 것은 실망뿐이었다. 그리고 냉정하게 내린 결론은 이렇다.

"나이 스물이 넘어서 형성된 인성은 절대 바뀌지 않는다."

세일즈 매니저가 사람의 근본을 바꿀 수 있다고 생각하면 심각한 딜레마에 빠지게 된다. 공자도 포기한 사람의 근본을 어찌 바꿀 수가 있겠나?

세일즈 매니저는 사람의 근본을 바꿀 수 있다는 헛된 자만보다 양질의 후보자를 채용하는 데 모든 노력을 집중해야 한다.

리크루트는 양(量)을 추구하면 절대로 양이 늘지 않는다. 힘들어도 질(質)을 추구해야 양이 늘어나는 것임을 명심하라.

매니저 룰(Rule)은 '성공 문화를 만드는 것'

"영업은 정신이 하고, 조직은 룰Rule이 한다."

내 영업 철학을 함축적으로 표현한 말이다. 세일즈는 무에서 유를 창조하는 일이다. 따라서 영업인은 강한 정신력으로 무장해야 한다.

사람들은 누구나 편하고 싶고, 남의 탓으로 돌리고 싶고, 회피하고 싶은 속성을 가지고 있다. 매일 아침에 일어나 수염을 깎듯이 마음속에서 자라나는 이런 게으름이나 부정적인 생각, 불안감도 깎아주어야 한다. 영업인은 강한 정신력으로 무장해야 매일 접하는 수많은 시련과 거절을 당당히 이겨낼 수 있다.

그리고 성공하는 영업조직에는 강한 '룰Rule'이 있어야 한다. 내가 말하는 룰은 상명하달의 강제가 아니라, 윈win – 윈win의 성공 문화다. 함께 선의의 경쟁을 하고, 협력하고, 공부하고, 상호 이해하는 좋은 문화를 만들어야 한다. 조직 내에 성공 문화가 있으면 다소 능력이 부족한 사람도 좋은 실적을 거두지만, 반대의 경우에는 끝없이 불화가 생기고 자질이 좋은 사람도 성장하지 못한 끝에 결국 그 조직은 공멸하게 된다.

세일즈 매니저는 자신이 속한 조직의 성공 문화를 만들고 전파하는 책임자다. 책임감을 가지고 그 역할에 최선을 다해야 한다.

영업은 정신이 하고, 조직은 룰이 한다. 세일즈 매니저는 강한 정신력의 선봉장이 되고, 성공 문화의 전도사가 되어야 한다.

물러설 수 없는 원칙을 세워라

세일즈는 시공을 초월한 일이다. 눈떠 있는 시간이 일하는 시간이고, 속해 있는 공간이 일터다. 일하면서 놀고, 놀면서 일한다. 따라서 영업인은 자기 스스로 세일즈 활동의 원칙을 세우고, 지속적으로 지켜나가는 노력을 해야 한다.

특히 영업조직의 매니저는 물러설 수 없는 분명한 원칙을 세워야 한다. 함께 지키기로 약속한 출근시간이나 일의 방식, 근무태도 등이 이에 해당한다. 영업인들은 일이 잘 안 되면 매니저에게 불만도 표시하고 투정도 하고 핑계도 댄다. 또 그들이 자기들끼리 동료의식으로 뭉치면, 매니저는 한없이 외롭다. 하지만 아무리 어려운 상황에서도 마음이 약해져서 원칙을 깨면 안 된다.

『위대한 CEO 엘리자베스 1세』라는 책에는 이런 내용이 있다.

"예수님 말씀은 하나인데 듣는 사람마다 각자 다르게 해석해, 여러 종파가 생겼다. CEO가 하는 말 역시 듣는 사람의 입장에 따라 다 다르게 받아들인다. 그러므로 당신이 옳다고 생각하는 것을 지속적으로 강조하라."

물러설 수 없는 원칙은 반복해서 지속적으로 강조해야 한다.

영업조직의 원칙을 세우는 기준은 정당성과 신뢰성이다. 고객과의 약속이든 조직원들 간의 약속이든 약속은 정당해야 하고, 신뢰할 수 있어야 하며, 반드시 지켜야 한다. 물러설 수 없는 원칙은 다른 사람에게든 자기 자신에게든 예외 없이, 타협 없이 지켜져야 한다. 물러설 수 없는 원칙은 성공 조직의 기초공사와 같은 것이다.

매니저 십Ship은 '좋은 영향력을 전파하는 것'

롤Role만 있고 십Ship이 없는 매니저는 저속한 장사꾼과 다름없다. 세일즈 매니저는 영업조직의 상위에 군림하는 사람이 아니라, 영업인들의 성공을 위해 좋은 영향력을 미치는 사람이다. 영향력 있는 매니저가 되기 위해서는 다음의 원칙들을 지켜야 한다.

첫째, 진실해야 한다. 영업 관리는 세 치 혀가 아니라 가슴으로 하는 것이다. 신뢰가 바탕이 된 진실한 조직만이 장기적인 성공을 담보한다.

둘째, 정확해야 한다. 매니저는 사무실 한복판에 걸려 있는 시계와 같은 존재다. 한 치의 오차도 없이 정확한 성공의 방향과 비전을 제시해야 한다.

셋째, 실력이 있어야 한다. 매니저의 진정한 리더십은 실력에서 나온다. 특히 신입 영업인의 교육 훈련은 안정적인 정착에 큰 영향을 미친다. 홀로서기에 자신감을 가질 수 있도록 지식^{Knowledge}과 기술^{Skill}을 전수해야 한다.

넷째, 성실해야 한다. 출근은 성실의 가장 기본적인 척도다. 매니저로서 성공하기를 원한다면, 매일 아침 가장 먼저 사무실 문을 열어라. 팀원들은 매니저의 성실함에 마음으로 고개를 숙인다.

다섯째, 열정을 가져야 한다. 내가 불타야 남을 불태울 수 있다. 매니저가 불타야 팀원을 불태울 수 있고, 팀원이 불타야 고객을 불태울 수 있다. 매니저는 팀원들의 에너지원이다.

세일즈 매니저와 관련된 재미있는 이야기가 있다. 어떤 매니저가 죽기 전에 팀원들에게 유언을 남겼다.

"내가 죽으면, 다들 돋보기를 하나씩 들고 화장터에 찾아오기 바란다. 내 몸을 화장하면, 분명히 몸속에서 사리가 엄청 많이 나올 거다. 그 사리를 돋보기로 자세히 살펴보면 너희들의 이름이 새겨져 있을 거니, 각자 자기 것을 꼭 찾아가기 바란다."

세일즈 매니저는 원래 그런 거다. 애초에 잘하면 본전이라 생각해야 한다. 외롭고 힘이 들어도 큰마음으로 그 역할을 담담히 받아들여야 완성된 매니저가 되는 거다.

당신 인생에 좋은 영향을 준 사람은 누구인가? 이제는 당신이 좋은 영향을 미치는 사람이 되라. 그러면 누군가 자신의 삶을 변화시킨 사람의 명단을 작성할 때, 당신의 이름을 적어 넣을 것이다.

니체에게 배우는
세일즈 마인드

니체의 철학은 현실을 치열하게 살아가는 영업인들에게 꼭 필요한 영양소와 같은 것이다. 일본 작가 사이토 다카시가 쓴 『곁에 두고 읽는 니체』에서 몇 대목을 인용해 본다.

향상심을 높이는 사람을 만나라

당신은 세일즈를 통해 수억의 연봉을 받는 동료를 보면 어떤 마음이 드는가? 학창 시절에 공부도 못했고 존재감도 없던 친구가 갑자기 성공해서 좋은 차를 타고, 좋은 집에 살고 있는 모습을 보면 어떤 느낌이 드는가? 성인군자가 아니라면 누구든지 부러움, 질투심, 열등감, 자존심 상함 등의 감정이 생길 것이다.

이런 감정이 생기는 것은 어쩔 수 없지만, 어떤 마음으로 소화시키느냐가 중요하다. 부정적인 마음으로 받아들이면 자신의 부족함보다는 세상을 원망하고, 자신을 합리화하며, 지금의 현실에 대해 불평불만을 늘어놓게 될 것이다. 반면에 긍정적인 마음으로 받아들이는 사람은 이 감정을 성공의 동력으로 삼아 더 열심히 노력하고 도전할 것이다.

니체는 다음과 같이 말했다.

"똑같은 것을 대해도 어떤 사람은 거기서 많은 것을 깨닫고 얻어내지만, 어떤 사람은 그러지 못한다. 사람들은 이를 능력의 차이라고 말하는데, 사실 우리는 어떤 대상으로부터 무엇을 얻어내는 게 아니라 그것에 의해 촉발된 자기 안에서 무엇인가를 뽑아낸다. 그러니 나를 풍요롭게 해줄 대상을 찾지 말고, 나 스스로 풍요로운 사람이 되려고 노력해야 한다. 이것이 바로 자신의 능력을 높이는 최선의 방법이다."

또한 니체는 현재에 안주하지 않고 더 높은 곳으로 향하려는 의지를 가진 사람만이 친구가 될 자격이 있다고 했다. 향상심을 높여주지 못하는 사람과는 사귈 필요조차 없다는 얘기다.

붓다의 가르침을 전하는 책에도 이런 글이 있다.

"자기보다 나은 친구와 가깝게 지내야 한다. 만약 그런 친구를 얻을 수 없다면 무소의 뿔처럼 혼자서 가라."

무소는 코뿔소를 말한다. 코뿔소는 무리를 짓지 않고 혼자 살아가는 습성이 있다. 성자인 붓다도 나보다 나은 사람과 함께 길을 가는 것은 좋지만, 그렇지 못하다면 차라리 혼자 가라고 말했다. 어쩌면 너무 계산적이라는 생각도 들지만, 그만큼 친구가 중요하다는 교훈이다.

사람들은 끼리끼리 어울리는 습성이 있다. 동질성을 느끼면 마음이 편하기 때문이다. 그래서 부자는 부자끼리 어울리고, 성공자는 성공자끼리 친구가 된다. 세일즈의 세계에서도 마찬가지다. 일을 잘하는 사람은 잘하는 사람끼리 어울리고, 긍정적인 사람은 긍정적인 사람끼리 어울린다.

당신 주위를 둘러보라! 당신은 지금 어떤 사람들과 어울리고 있는가? 지금 어울리고 있는 사람들의 모습이 곧 당신의 모습이다.

당신이 진정으로 성공하고 싶다면 먼저 만나는 사람을 바꿔야 한다. 자신보다 더 나은 사람에게 다가가 손을 내밀어야 한다. 그리고 그들에게 배우고, 그들과 함께하고, 그들과 친해져야 한다. 향상심을 높여주는 그들이 당신의 진정한 친구이자 스승이다.

중석몰촉中石沒鏃의 정신

니체는 "초인을 향해 날아가는 한 발의 화살이 되라"고 말한다. 여기서의 초인은 초능력자를 말하는 것이 아니다. 슈퍼맨도 아니고 천재도 아니다. 초인은 지금 현재의 자기 자신을 뛰어넘기 위해 노력하는 사람을 말한다. 지금보다 더 나은 자신을 만들기 위해 노력하는 사람, 확실한 목표를 가지고 뜨거운 열정으로 도전하는 사람, 한마디로 말하면 향상심을 가진 사람이다.

대부분의 영업인들은 어느 정도의 목표를 달성하면 스스로 한계를 규정하고, 더 이상의 성장을 멈추어 버린다. 어느 정도 궤도에 오르면 겉멋이 들고, 다른 곳으로 눈을 돌리기 시작하며, 편하게 일을 하려 든다. 그런 마음이 생기는 순간부터 나락으로 떨어진다.

니체는 "자기 인생에 온 힘을 쏟아 능력을 최대한 발휘하는 것이 최고의 삶"이라고 말한다. 한 발의 화살이라도 전심전력을 다해서 쏘는 삶을 살아야 한다는 것이다. 이것이 숙명적인 영업인의 삶이다.

중국 고전 『사기』에 '중석몰촉中石沒鏃'이라는 고사가 나온다. 이광이라는 장수가 사냥을 나갔다가 호랑이가 자고 있는 것을 보고 온 힘을 집중해 화살을 쏘았으나, 호랑이가 꼼짝을 안 했다. 이상해서 다가가 보니, 호랑이 모양의 바위 한가운데에 화살이 박혀 있었다. 하도 신기해서 다시 그 자리로 돌아가 아무리 화살을 쏘아봐도 다 튕겨 나왔다고 한다. 몰입의 중요성을 말해 주는 고사다.

내가 영업인들에게 강조하는 몰입도 이와 같다. 몰입해서 성공 궤도에 진입해야 한다.

성공을 원하는 영업인들은 중석몰촉의 정신으로 초인을 향해 날아가는 한 발의 화살이 되어야 한다.

뜨거운 눈물이 성공의 자양분이 된다

나가타 농법이라는 작물 재배법이 있다. 예를 들어 토마토를 기르면서 일부러 물을 주지 않는 식이다. 물이 없는 환경은 가혹하지만, 그런 환경에서 자란 토마토는 놀랄 만큼 달고 맛있다고 한다.

니체는 우리에게 척박한 토양을 이겨내는 토마토가 되라고 말한다.

"하늘에 닿을 듯이 키가 큰 나무들에게 거친 바람과 악천후가 없었다면 그런 성장이 가능했을까? 인생에는 거친 폭우와 강렬한 햇살, 태풍, 천둥 같은 온갖 악과 독이 존재한다. 이러한 악과 독이 존재하기에 우리는 그것들을 극복할 기회와 힘을 얻고, 용기를 내어 세상을 살아갈 수 있을 만큼 강하게 단련되는 것이다."

영업인들도 세일즈라는 척박한 토양 속에서 살아간다. 척박한 토양을 극복하고 성장한 영업인들만이 큰 보상과 함께 멋진 삶을 살 수 있다. 영업인이 흘리는 피와 땀과 눈물은 성장의 자양분이고, 이 세 가지 액체의 결정체가 성공이라는 보석이다.

피는 용기의 상징이다. 피를 흘릴 용기와 결심을 한다면, 세상에 무서울 것이 없다.

땀은 일의 상징이다. 내 땀이 남의 땀보다 많아야 남보다 앞설 수 있다. 이왕 흘릴 땀이라면 남보다 단 한 방울이라도 더 흘린다는 마음으로 일해야 한다.

눈물은 정성의 상징이다. 사랑의 눈물, 감동의 눈물, 감사의 뜨거운 눈물을 흘려본 사람만이 달콤한 성공의 열매를 맛볼 수 있다.

뜨거움은 간절함의 표현이다. 간절함이 뜨거움을 만들고, 이 뜨거움이 동력이 되어 성공이 만들어진다. 그래서 나는 뜨거운 눈물을 흘릴 줄 아는 사람을 좋아한다.

세일즈는
부의 추월차선이다

세일즈 후배들 중에는 월세방에 살면서도 외제 자동차를 타고, 통장 잔고가 없어도 명품 옷을 사 입고, 수시로 고급 음식점에서 식사를 하는 친구들이 있다. 그들의 논리인즉 외견상 좀 있어 보여야 사람들의 인정을 받고, 세일즈도 더 잘되며, 결국 부자가 될 수 있다는 것이다. 내 기준으로는 절대 아니다. 폼생폼사로 살다가 결국 쪽박을 차게 될 것이 불 보듯 뻔하다.

깡통 부자가 아니라 진짜 부자가 되어야 한다. 진짜 부자가 되기 위해서는 세일즈를 통해 재테크 시스템과 사업 시스템을 구축해야 한다.

재테크 시스템

재테크 시스템을 구축하기 위해서는 무엇보다 우선 종잣돈을 마련해야 한다. 티끌 모아 태산이다. 먼저 절약하고 아껴야 한다. 자동차나 집은 부채의 개념으로 봐야 한다. 구입하는 순간부터 유지비용, 각종 세금 등 돈이 들어가기 때문이다.

먼저 종잣돈을 마련한 후 저금리 시대에 맞는 전략적인 재테크를 해야 한다. 요행이나 한탕을 바라면 안 된다. 투자와 투기는 다르다. 유사수신이나 한 방을 노리는 투기의 유혹에 빠지지 말아야 한다. 내 오랜 경험으로 볼 때, 상식적으로 이해가 안 되는 투자는 전부 사기다.

제대로 된 투자는 이자소득, 배당소득, 임대소득, 기타소득이 안정적으로 창출되는 재테크 시스템을 만드는 것이다. 영업인은 세일즈를 통해 재테크 시스템을 구축해야 한다.

사업 시스템

사업과 장사는 뭐가 다를까? 오너가 자리에 없어도 운영되면 사업이고, 오너가 자리를 지켜야 운영되면 장사다. 작은 가게를 운영해도 사업을 하는 사람이 있고, 큰 회사를 운영해도 장사를 하는 사람이 있다.

결국 사업과 장사의 차이는 시스템의 존재 여부다. 투자의 대가 워런 버핏은 "잠자는 동안에도 돈이 들어오는 방법을 찾지 못하면, 당신은 죽을 때까지 노동을 해야 할 것이다."라고 시스템의 중요성을 강조했다.

『레버리지』책에서는 세상에 딱 두 종류의 사람만이 존재한다고 한다. 레버리지 하는 사람과 레버리지 당하는 사람이다. 레버리지 하는 사람이 되지 못하면 레버리지 당하는 사람이 되어야 한다.

시스템을 만들지 못하면 평생 남의 꿈을 이루어 주기 위해 출근하고, 남의 돈을 벌어주기 위해 노동을 해야 한다. 영업인은 세일즈를 통해 부를 창출하는 사업 시스템을 만들어야 한다.

세일즈 시스템

『탈무드』에는 이런 말이 있다. "세상에는 사람에게 상처를 주는 세 가지가 있다. 고민, 다툼, 빈 지갑이 그것이다. 이 셋 중에 빈 지갑이 사람을 가장 상처 입힌다."

가난이 창문 열고 들어오면, 행복은 대문 열고 나가는 법이다. 물론 돈이 인생의 전부는 아니다. 하지만 돈이 없어서 하고 싶은 것도 못하고 먹고 싶은 것도 못 먹고 최소한의 부모 노릇, 자식 도리도 못하고 심지어 목숨까지 끊는 사람들에게는 어쩌면 돈이 인생의 전부일 것이다. 돈이 인생의 전부가 아니라고 당당히 말하기 위해서는 적어도 돈에 끌려 다니는 삶은 살지 않아야 한다.

나는 부자가 되고 싶어서 세일즈를 시작했다. 내가 생각하는 부자는 '구름 위에서 사는 사람'이다. 구름 위의 세계는 천둥, 번개, 비바람이 몰아쳐도 흔들리지 않는다. 구름 위의 사람들은 아무리 경제가 어렵고 불황이 닥쳐와도 오히려 그 속에서 기회를 잡는다. 그들은 민생고를 초월해 어떻게 인생을 좀 더 의미 있게 살 것인지를 고민한다. 내가 부자를 동경하는 이유는 나도 그런 삶을 살고 싶기 때문이다.

세일즈는 부자가 될 수 있는 부의 추월차선이다. 자본을 투자하지 않고 부자가 될 수 있는 유일한 직업이 세일즈다. 부자가 되기를 원하는 영업인은 재테크 시스템, 사업 시스템에 앞서 안정적인 실적을 창출하는 세일즈 시스템을 만들어야 한다.

영업인의 인격은 급여통장에 찍힌 숫자다. 내 수입이 고객의 수입보다 많아야 고객 앞에서 당당할 수 있고, 가족에게도 당당한 수 있는 것이다.

세일즈를 통해 성공하려면…

처음부터 좋을 수는 없다

성공에 관한 책을 읽거나 강연을 들어보면 중요한 공통점이 하나 있다. 성공하기 위해서는 먼저 자신이 좋아하는 일, 잘할 수 있는 일, 적성에 맞는 일을 해야 한다는 것이다.

그렇다면 당신은 현재 좋아하는 일을 하고 있는가? 지금 하는 일이 적성에 맞는가? 아쉽게도 내가 아는 대부분의 영업인들은 '아니오'라고 대답한다. 만일 당신도 '아니오'라고 답한다면, 성공할 자격이 없는 사람일까?

그렇다면 다시 한 번 곰곰이 생각해 보라. 당신은 과연 어떤 일을 좋아하는가? 어떤 일을 잘할 수 있을 것 같은가? 확신이 드는 일이 있다면 당장 그 일을 해야 한다. 지금 하는 일이 아닌 그 어떤 일이 당신의 가슴을 뛰게 하고, 더 큰 성취를 할 수 있다면, 당연히 지금 즉시 그 일을 시작해야 한다. 한 번뿐인 인생이다. 머뭇거릴 여유가 없다.

하지만 대부분의 사람들은 다른 일에 대해서도 딱히 확신을 가지지 못한다. 왜냐하면 세상에 그렇게 만만한 일은 없기 때문이다. 그렇다면 성공하기 위한 선택은 단 한 가지다. 지금 하는 일을 억지로라도 좋아해야 한다.

분명한 사실은 나도 처음에는 세일즈가 싫었다. 적성에도 맞지 않았다. 하지만 이왕 시작한 일이니 그만두더라도 '딱! 100일만이라도 열심히 해보고 그만두자'고 결심한 것이 내 인생의 전환점이 되었다. 백일 도전을 끝낸 후 신기하게도 나는 세일즈가 좋아졌다. 세일즈가 적성에 맞는 것 같다는 생각도 들었다. 그 후부터는 의식적으로 재미있게 즐기면서 일하려고 노력했고, 그 결과 세일즈를 통해 큰 성공을 거두었다.

나는 세일즈를 통해 한 가지 깨달음을 얻었다. 세상에 처음부터 좋은 일, 적성에 맞는 일은 결코 없다는 사실이다. 어떤 일이든 일단 한 번은 집중적인 노력을 해본 후에 그 일이 나에게 맞는지를 판단해야 한다.

화창한 봄날에 어린아이가 포도밭에 갔다. 포도밭에는 푸른 포도송이들이 주렁주렁 매달려 있었다. 아이는 먹음직하게 생긴 포도알을 하나 따서 입에 넣었다. 그러나 포도가 너무 시고 떫어서 아이는 인상을 쓰면서 뱉어버렸다. 아이는 친구들에게 포도는 색이 푸르고, 시고 떫으며 맛이 없다고 이야기했다.

그렇다면 아이의 말은 맞는 말인가? 봄에 맛본 덜 익은 포도는 당연히 맛이 없다. 그러나 이것은 부분적인 사실일 뿐이다. 가을에 잘 익은 포도는 달콤하고 맛있다. 포도에 대한 진실은 완전히 익은 포도 맛을 보았을 때에야 알 수 있다. 그 맛을 위해서는 물도 대주고, 거름도 주고, 잡초도 뽑고, 잘 익을 때까지 정성을 다해 포도밭을 가꾸어야 한다.

세일즈도 마찬가지다. 처음에는 힘들고, 고달프고, 불안하고 그런 거다. 하지만 자신의 방식대로 열심히 노력하고, 새로운 시장도 개척하다 보면 포도가 익듯이 세일즈의 결실도 익어간다. 이것이 자연의 이치이자 성공의 이치다.

'1만 시간의 법칙'에 의하면, 어떤 분야의 전문가가 되기 위해서는 최소한 1만 시간의 노력이 필요하다고 한다. 하루 3시간씩이면 10년, 하루 10시간씩이면 3년이다. 무엇인가를 이루기 위해서는 이렇게 많은 시간과 에너지를 투자해야 한다.

하지만 확실히 성공한다는 보장도 없는데, 무작정 1만 시간을 투자하는 것이 과연 옳은 일일까? 그렇게 해서 못 이루면 그 많은 시간과 노력은 어디서 보상받을 수 있나? 내가 '딱 100일'을 강조하는 이유는 바로 이 1만 시간의 리스크를 줄이기 위해서다.

일단 먼저 100일을 투자해 본 후에, 과연 여기에 1만 시간을 쏟아 부을 것인지 판단하면 된다. 왜냐하면 100일은 성공 가능성을 확인하기에 충분한 시간이기 때문이다.

신은 세상의 모든 사람들에게 사회에 적응할 수 있고 성공할 수 있는 재능을 주었다. 운동신경이 뛰어난 사람, 이재에 밝은 사람, 대인관계가 좋은 사람, 탤런트 기질이 있는 사람, 손재주가 좋은 사람 등등. 성공하기 위해서는 우선 자기의 재능을 찾는 시간을 가져야 한다.

나는 신이 준 재능을 확인하는 데 필요한 시간이 100일이라 생각한다. 세일즈를 통해 꿈을 이루고 싶다면 일단 100일부터 투자하고, 그 후에 1만 시간을 판단하라.

LESSON
6

딱!
100일만 미쳐라

딱!
100일만 미쳐라

사실 나는 영업인치고는 타고난 자질이 많이 부족한 사람이다. 주관도 강하고, 하기 싫은 일은 절대 못하고, 보기 싫은 사람은 못 보고, 알량한 자존심은 있어서 남에게 아쉬운 소리를 결코 못하는 사람이다.

그런 내가 무작정 상경해서 보험 영업사원이 되었다. 일주일 동안 세일즈 실무 교육을 받은 후 보험을 팔기 위해 필드로 나왔지만, 서울에 연고가 하나도 없는지라 갈 데가 없었다. 하루 종일 버스와 지하철을 타고서 서울 시내를 빙빙 돌았다. 남산도 올라보고, 63빌딩에도 가보고, 유람선도 타보고. 구석구석 하도 많이 돌아다녔기에, 그때 익힌 지리가 지금까지 도움이 될 정도다. 내 처지가 도시의 콘크리트 숲 속에 버려진 외로운 하이에나 같았다. 여기저기 기웃거리다가 밤이 되면 혼자서 술 마시고, 잠 못 자고 갈등하는 시간이 계속되었다.

그렇게 서너 달의 시간을 보내던 어느 날, 등산을 갔다가 내려오던 길에 잠깐 절에 들렀다. 그날 그 절에서는 천배 행사를 하고 있었다. 갑자기 '나도 한번 해볼까?' 하는 생각이 들었다. 머리가 늘 복잡했기 때문에, 몸을 혹사시켜 잠시 동안이나마 카타르시스를 느껴보고 싶었다.

나는 무작정 법당 안으로 들어가서는 사람들 틈에 끼어 절을 하기 시작했다. 불교 신자도 아닌 데다 불교식 절도 처음인지라, 곁눈질을 해가면서 남들을 따라 어설픈 절을 했다. 500번째 절을 하고 나자 너무 힘들어서 더 이상은 도저히 못할 것 같았다. 그래서 법당에서 나가려고 발을 옮기다가 다른 사람들의 모습을 잠시 살펴보니, 아무리 봐도 내 나이가 가장 젊은 것 같았다. 대부분 중장년의 여성들이었고, 남자들도 으레 머리가 희끗희끗했다.

'나보다 나이 많은 분들도 열심히 절을 하고 계시는데, 젊은 놈이 이것도 다 못 채우고 중도에 포기한단 말인가?'

갑자기 나 자신이 부끄러워졌고, 한심하다는 생각이 들었다. 왠지 법당 문지방을 넘어 밖으로 나가는 순간부터 영원히 인생 낙오자가 될 것만 같았다.

나는 마음을 다잡고 다시 절을 시작했다. 땀이 억수같이 쏟아지고 다리가 후들거렸지만, 무사히 천배를 마쳤다. 정말 오랜만에 뭔가를 해낸 것 같은 뿌듯한 마음이 들었다.

나는 자리에 앉아서는 아직 절을 하고 있는 사람들을 둘러보았다. 내 옆자리에는 할머니 한 분이 정성스럽게 절을 하고 계셨다. 회색 법복에 가냘픈 몸매, 백발의 긴 머리에 비녀를 꽂으시고, 세월의 무게에 등이 굽은 연로한 할머니가 정성을 다해 절을 하시는 모습은 아름다움을 넘어 신비감마저 느껴질 정도였다. 할머니도 절을 마치고 자리에 앉으셨다. 나는 진한 동지애를 느끼며 말을 건넸다.

"할머니, 대단하세요. 젊은 저도 천배가 힘이 드는데, 그 연세에 힘들지 않으세요?"

"총각, 매일 하면 안 힘들어. 난 오늘이 백일째야."

나는 내 귀를 의심했다.

"네, 뭐라고요?"

"어, 난 오늘이 백일기도 마지막 날이거든. 매일 하면 하나도 안 힘들어."

이마에 땀방울이 송골송골 맺힌 채 함박웃음을 지으시며 던진 할머니의 이 말씀은 쇠망치가 되어 내 머리통을 사정없이 두들겨 패는 것 같았다. 나는 법당 안의 사람들이 다 나가고 난 후에도 혼자 멍하니 앉아서 한참을 생각해 보았다.

할머니는 무엇을 위해 이렇게 힘든 절을 백일 동안이나 하셨을까? 자기 자신을 위해서는 결코 아닐 거였다. 팔순은 되어 보이는 할머니가 무슨 부귀영화를 누리겠다고 자신을 위해 기도를 하겠나? 손주의 입시를 위해서든, 자식의 사업을 위해서든, 분명 남의 복을 빌기 위해 기도를 하지 않았을까?

'그런데 나는 뭔가?'라는 생각이 들었다. 젊디젊은 놈이 성공하기 위해 세일즈의 세계에 뛰어들었으면 한번 부딪쳐라도 봐야지, 이러지도 못하고 저러지도 못하고, 갈등하고 도망가고, 혼자서 술이나 마시는 나 자신의 모습이 한심하기 짝이 없었다. 부끄럽고 비참했다. 나는 아무도 없는 법당 안에 앉아서 한참 동안 반성의 눈물을 흘렸다.

그리고 그 순간 나는 결심했다.

'할머니가 그랬듯이 나도 딱 100일만 최선을 다해 보자. 100일 동안은 어떤 변명도 핑계도 대지 말고, 내가 할 수 있는 모든 노력을 다해 보자. 그래도 안 된다면 100일 후 깨끗이 포기하고 다른 길을 가자.'

이렇게 결심했던 순간이 바로 내 인생의 전환점이 되었다. 30년 전 할머니의 말씀이 아직도 내 귓가에 생생하게 들리는 듯하다.

"매일 하면 안 힘들어. 난 오늘이 백일째야."

이 한마디가 내 인생을 바꾸었다. 이제 나는 할머니가 나에게 준 이 성공의 불씨를 더 많은 사람들에게 전하기 위해 내 이름을 건 영업교육 회사를 만들었다.

내가 해냈듯이 누구든지 마음만 먹으면 할 수 있을 것이다. 이 책을 읽고 있는 당신도 만일 지금 하는 일에 최선을 다하지 못하고 갈등하고 있다면 일단 이것저것 따지지 말고 딱, 100일만 집중해 보라. 판단은 그 이후에 해도 결코 늦지 않을 것이다.

현재의 나는 내 생각과
행동의 결과다

현재의 나는 내 생각과 행동의 결과다. 내 생각과 행동의 에너지가 정확히 현재의 나를 만들었다. 그 증거로서 내 인생 이야기의 몇 대목을 짚어보겠다.

세일즈 스쿨을 향한 꿈

2005년 4월, I사에서 영남지역 영업을 총괄하는 임원이 된 후 부산 상공회의소 대강당에서 첫 번째 '하석태 세일즈 스쿨' 강연회를 개최했다.

"저는 세일즈를 시작하면서 한 가지 꿈을 가졌습니다. 그것은 제 손으로 대한민국 최초의 세일즈 학교를 만드는 것입니다. 터무

니없게 느껴질지 모르지만, 저는 50살에 분명히 이 일을 시작할 겁니다. 그 꿈을 위해 저는 오늘부터 매달 '하석태 세일즈 스쿨 강연회'를 개최하려고 합니다. 오늘은 제 꿈을 향한 도전 첫날입니다."

나는 세일즈를 하면서 인생의 이분법적인 목표를 정했다. 나이 50살까지는 성공 지향적인 삶을 살고, 그 후에는 의미 지향적인 삶을 산다는 것이 그것이다.

나는 영업인으로서 과분한 성공을 거두었고, 마흔두 살의 나이에 I사의 상무이사가 되었다. 그렇게 부산에서 시작한 '하석태 세일즈 스쿨 강연회'는 2년 후 서울 강남지역으로 옮겨서 진행했다. 그리고 M사에서의 영업총괄 전무이사를 역임하던 내 나이 50살에 정말로 회사에 사표를 던졌다.

남들은 나를 이해하지 못했다. 수억의 연봉, 폼 나는 집무실, 고급 승용차에 전용 기사, 강남의 최고급 아파트 등 모든 기득권을 버리는 결정이 결코 쉽지는 않았다. 하지만 더 중요한 사실은 내 잠재의식 속에는 항상 두근거리는 새로운 꿈이 도전을 기다리고 있었다는 것이다. 남들은 이해 못할지라도 이 결정은 정확히 내 생각과 행동의 결과였다.

첫 번째 강연, 꿈은 이루어졌다

2013년 5월, 나는 내 인생의 버킷 리스트였던 남미 배낭여행과 히말라야 안나푸르나 트레킹을 다녀온 후 지리산에서 HST그룹(영업교육 회사) 창립을 위한 구상을 시작했다. 대한민국 최초의 세일즈 학교를 설립하기 위해서는 먼저 내 이름을 건 교육 회사를 만들고, 강연 활동을 시작해야겠다고 생각했다.

하지만 어디서 어떻게 강연을 해야 할지 막막하기 짝이 없었다. 그렇다고 무작정 기업체들에 강의 제안서를 보내고 싶지는 않았고, 다녔던 회사의 교육 담당자들을 찾아가 강의를 하게 해달라고 사정하기는 더더욱 싫었다. 왜냐하면 나는 세일즈를 통해 성공한 사람으로서 영업인들의 멘토 역할을 하고 싶었지, 직업 강사로 평가받고 싶지는 않았기 때문이다.

이런저런 고민에 빠져 있을 때, 한 통의 전화가 걸려왔다. 내모교인 경남대학교 취업센터였다. 요지는 대학생들에게 '꿈'에 대한 강연을 해달라는 것이었다. 강연을 통해 존재 가치를 알려야 하는 내 입장에서는 마른하늘에 단비 같은 요청이었다. 참석 인원도 5백 명이나 되고, 플래카드도 내건다고 했다. 전화를 끊은 후에도 나는 오랫동안 두근거리는 가슴을 진정시키지 못한 채 과거를 회상했다.

나는 상업계 고등학교를 졸업한 후 고향 마산에서 야간대학을 다니며 주경야독을 했다. 다니던 회사는 부도가 났고, 그 후 열혈투사가 되어 노동운동과 학생운동을 동시에 하면서 학창시절을 보냈다. 공부는 뒷전이었고, 학교에서는 골칫덩어리였기에 우여곡절 끝에 겨우 졸업장을 받았다. 부모 형제를 포함해 주변의 어느 누구도 내 미래의 성공 가능성을 인정해 주는 사람은 없었다. 그런 내가 후배들 앞에서 성공을 주제로 강연을 하게 된 것이다.

2013년 6월 12일, 경남대학교 대강당. 떨리는 마음으로 후배들 앞에 섰다.

"여러분은 '꿈은 이루어진다'는 말을 믿나요? 저는 25년 전에 학교를 졸업하면서 한 가지 꿈을 가졌습니다. '내가 꼭 성공해서 다시 학교로 돌아와 후배들에게 꿈에 대한 이야기를 하고야 말테다' 하는 꿈이었습니다. 저는 오늘 그 꿈을 이루었습니다. 꿈을 이룬 선배에게 축하의 박수 한번 보내주지 않겠습니까?"

나는 이렇게 강연을 시작했고, 이것이 내 인생 후반전의 첫 번째 강연이 되었다. 이것이 우연일까? 나는 분명한 내 생각과 행동의 결과라고 믿는다.

천하장사 이만기가 제 고향 친구입니다

2014년 8월, MBC 방송국에서 〈이만기의 만만한 토크〉에 출연을 해달라는 전화가 왔다. 천하장사 이만기 교수가 진행하는 〈만만한 토크〉는 사회 저명인사들의 성공 스토리를 토크 형식으로 전달하는 프로그램이다. 출연 승낙을 한 후 두근거리는 가슴을 진정시키고, 내가 처음 세일즈를 시작하던 시절을 회상해 보았다.

유난히 거절을 많이 당한 어느 날, 신촌 시장 뒷골목의 허름한 식당에서 국밥을 한 그릇 시켜놓고, 우연히 TV를 통해 고향 친구 이만기가 씨름하는 모습을 지켜보게 되었다. 자기보다 덩치가 큰 선수를 모래판에 내동댕이치고 모래를 한 움큼 손에 쥐고 뿌리면서 포효하는 이만기 장사는 너무나도 멋졌다. 마음속으로 은근히 오기가 생겼다.

'만기는 팬티 하나 입고 씨름판에서 부와 명예를 거머쥐는데, 나라고 못할 게 뭐가 있나? 나에게도 젊음과 열정이 있잖아.'

그 순간부터 이만기는 나의 롤 모델이 되었다.

"천하장사 이만기가 제 고향 친구입니다. 만기가 몸뚱이 하나로 씨름판의 천하장사가 되었듯이, 저는 제 젊음과 열정으로 대한민국 금융계의 천하장사가 되겠습니다. 제 이름을 기억해 주십시오. 하석태, 돌 석石에 클 태太. 대한민국 금융계의 가장 큰 돌이 되겠습니다."

나는 새로운 고객을 만날 때면 이렇게 나 자신을 소개했고, 꼭 그렇게 되겠다고 마음속으로 굳게 다짐했다. 나는 정말 만기처럼 되기 위해 혼신의 노력을 다했고, 그 결과 I사(세계 최대의 종합금융 그룹)에서 한국인 최초로 '명예의 전당'에 헌액되는 영광을 누렸다. 그 후로 '언젠가 만기를 만나게 되면 이 이야기를 들려주고 고맙다는 인사를 꼭 해야겠다'고 항상 생각하고 있었는데, 마침 방송을 통해 극적인 만남을 가지게 된 것이다.

나는 촬영 도중에 갑자기 자리에서 벌떡 일어나 "천하장사 이만기가 제 고향 친구입니다."로 시작하는, 영업시절 나의 일장 연설을 읊어서 청중들을 깜짝 놀라게 만들었다. 이 방송은 〈만만한 토크〉 최고의 시청률을 기록했다.

방송에서 이만기와 극적으로 만나게 된 이 장면은 그저 우연일까? 나는 그렇게 생각하지 않는다. 내 간절한 바람이 이렇게 드라마틱한 장면을 불러온 것이다.

치유와 성장의 에너지

나는 어릴 적의 트라우마가 많은 사람이다. 그래서인지 예전부터 산을 정말 좋아했다. 별안간 안 좋은 감정에 사로잡혀 심신이 힘들어지면, 그 감정을 떨쳐버리기 위해 무작정 땀 흘려 산에 오르곤 했다.

1995년 가을, 혼자서 지리산 서남쪽의 최고봉인 형제봉을 오르고 내려오던 길에 통천문의 바위 틈새를 비집고 나오자, 내 눈

앞에 황홀한 신천지가 펼쳐졌다. 병풍처럼 둘러싼 지리산과 백운산의 봉우리, 드넓은 황금빛 들판, 아담한 동정호에 정겨운 부부송, 산과 들판 사이를 유유히 흐르는 섬진강. 지금은 슬로시티로 지정된 경남 하동군 악양면의 아름답고 평화로운 모습이다. 나는 고소성 돌무더기 사이에 가지를 펼치고 있는 아담한 소나무 그늘에 앉아, 한참 동안 넋을 놓고 자연과 하나가 되었다. 그리고 그 소나무를 '석태나무'라고 이름 지었다.

영업인 시절, 마음이 힘들고 지쳤을 때나 중대한 결단이 필요할 때면 나는 항상 이곳으로 달려왔다. 오랫동안 이곳은 나의 비밀스러운 안식처이자 에너지의 원천이었다. 그리고 지금은 석태나무 가장 가까운 곳에 'HST 지리산힐링센터'를 만들어, 영업인들에게 치유와 성장의 에너지를 전하는 교육을 하고 있다. 이것 역시 정확한 내 생각과 행동의 결과다.

어릴 적 영웅과의 만남은 필연

중학생 시절이던 1977년, 동네 만화방에서 흑백 TV를 통해 홍수환 선수가 파나마의 복싱 영웅 카라스키아에게 4번 다운을 당한 후 다시 일어나 상대를 KO시켜 버리고 세계챔피언이 되는 기적 같은 장면을 지켜보았다. 그 순간부터 홍수환은 내 마음속의 영웅이 되었다. 챔피언 벨트를 매고, 넋이 나간 파나마 관중들 앞에서 포효하는 챔피언의 모습은 영웅 그 자체였다. 그날 나는 어른이 되면 홍수환 챔피언님을 꼭 만나야겠다고 생각했다.

1999년, I사에서 갓 부산 지점장이 되었을 무렵, TV 뉴스를 통해 홍수환 챔피언이 조직폭력배 해결사로 연루되어 검찰 조사를 받고 있다는 소식을 접했다. 나는 내 마음속의 영웅이 절대로 그런 파렴치한 짓을 할 사람이 아니라고 확신했다. 실제로 이 사건은 검찰이 1년 7개월을 구형했지만, 결국 법원에서 무죄로 판결이 났다. 나는 급히 홍수환 씨의 연락처를 수소문해 알아낸 후 그에게 전화를 걸었다.

"챔피언님. 여기 부산에 챔피언님을 존경하는 영업인들이 많이 있습니다. 방문하셔서 좋은 말씀 한번 부탁드리겠습니다."

이렇게 강연을 명분으로 챔피언을 부산으로 초대했다. 초라한 사무실에서 20여 명밖에 안 되는 영업인들 앞에서 챔피언은 혼신을 다해 열강을 해주셨고, 그날 밤 우리는 해운대 앞바다에서 소주잔을 기울이며 많은 이야기를 나누었다.

그날 이후 우리는 격의 없는 형 동생 사이가 되었다. 2018년 12월, 나의 영웅이 〈하석태 TV〉에 출연했고, 우리는 함께 프로정신과 인연의 중요성에 대한 이야기를 나누었다.

어릴 적 영웅과의 만남 역시 우연이 아니라, 내가 만든 필연이다. 40년 전에 동네 만화방에서 생각했고, 20년 전에 내가 행동했기에 맺어진 소중한 인연이다.

지천명知天命을 넘기면서 나는 내 생각과 행동에 따라 이루어진 수많은 기적들을 수시로 확인하며 살아왔다. 그래서 나는 진심으로 믿는다. 내 생각과 행동의 에너지가 성공은 물론이고, 사람도 운명도 끌어당긴다는 것을.

현재의 나는 내 생각과 행동의 정확한 결과다. 그렇다면 미래의 나는 어떤 사람이 되어 있을까? 당연히 현재의 내 생각과 행동의 결과일 것이다.

현재 당신은 어떤 생각과 행동을 하고 있는가?

일점
집중의 기적

어떤 목표든 자신의 힘으로 한번 성취해 본 사람은 그 상태를 지속적으로 유지한다. 자전거를 배울 때 처음에는 넘어지고 비틀거리지만, 어느 순간에 달리는 법을 익히면 그다음부터는 힘들이지 않고 나아가는 원리와 같다. 한 번 배우면 10년이 지나도 처음에 배울 때의 고생을 반복하지 않는다. 이것이 '성공 보존의 법칙'이다.

수영을 배울 때도 처음에는 물도 마시고 허우적거리지만, 어느 순간에 힘을 빼고 물 위에 뜨는 느낌을 알게 된다. 그 순간을 느끼면 성공 궤도에 진입한 것이다. 이것은 이론상으로는 설명이 불가능하다.

세일즈도 마찬가지다. 포기하지 않고 좌충우돌하다 보면 어느 순간 궤도에 오른다. 그 궤도에 오르게 되면 그다음부터는 쉬워진다.

하지만 대부분의 영업인들은 안타깝게도 궤도에 오르기 전에 포기해 버린다. 대충 흉내만 내다가 잘 안 되면, 안 되는 핑계를 대고 포기한다. 참으로 안타까운 일이다.

사람들은 누구나 가슴 깊은 곳에 각자의 돋보기를 하나씩 가지고 있다. 이 돋보기를 잘 사용하는 사람이 있는가 하면, 평생토록 한 번도 사용해 보지 않은 사람도 있다. 나는 이 돋보기의 사용 여부가 성공을 결정한다고 믿는다.

당신의 돋보기를 꺼내어 한 점에 맞추어라. 당신이 목표하는 한 점은 무엇인가? 무엇을 갖고 싶은가? 무엇을 하고 싶은가? 어떤 사람이 되고 싶은가? 성공하느냐 실패하느냐는 이 일점一點 집중력에 달려 있다.

'집중한다'의 또 다른 의미는 '버린다'는 것이다. 불필요한 것은 과감히 버려야 한다. 지금 당장 해결할 수 없는 잡다한 일들은 신경을 끊어야 한다. 그리고 간절히 원하는 한 점에 돋보기를 맞추어야 한다. 성공은 일점 집중의 결과다.

함축적 힘의 원리를 알아야 한다. 이 원리를 깨닫지 못하면, 영원히 수박 겉핥기만 하다가 인생이 끝난다. 수박도 힘을 집중시켜 깨부숴야 시원하고 달콤한 맛을 알 수 있는 법이다.

세일즈의 세계에는 눈에 보이지 않는 두 세상이 공존한다. 한쪽 세상의 영업인들은 세일즈가 힘들고, 자존심 상하고, 미래도 불안하고, 경제적인 성취도 못하고, 매일 갈등하며 살아간다. 반면에 다른 쪽 세상의 영업인들은 세일즈가 재미있고, 보람 있고, 미래가 기대되고, 경제적으로도 성취하면서 행복하게 살아간다.

이렇게 똑같은 세일즈의 세계에서 두 부류의 사람들이 완전히 다른 세상에서 살고 있다. 그리고 두 세상 사이에는 눈에 보이지 않는 투명한 장벽이 가로놓여 있다.

지금 이 시간에도 많은 영업인들이 성공 세상으로 가기 위해 이 장벽을 나름대로는 힘을 줘서 열심히 밀고 있다. 그러나 이 벽은 분산된 힘으로는 절대 넘어가지 않는다. 결판을 내고야 말겠다는 각오로 힘을 집중시켜 온몸을 벽에 부딪쳐야 한다.

내가 강조하는 힘은 바로 이 집중의 힘이다. 이 벽은 집중의 힘을 쏟아야만 무너뜨릴 수 있다. 이것이 세일즈 성공의 중요한 요령이다.

간절히 이루고 싶다면 딱! 100일만 집중해 보라.

좌절의 세상에서 희망의 세상으로 가고 싶다면 딱! 100일만 부자해 보라.

실패의 세상에서 성공의 세상으로 가고 싶다면 묻지도 따지지도 말고 딱! 100일만 미쳐보라.

잘 안 되면 딱! 100일만 미친 척이라도 해보라.

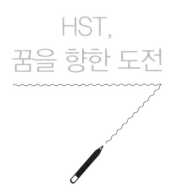

HST,
꿈을 향한 도전

나의 꿈, HST

　나는 연고 하나 없는 서울에서 그야말로 맨땅에 박치기 정신으로 부딪쳐 세일즈 챔피언이 되었다. 세일즈 매니저 시절에도 맨땅의 박치기 정신으로 서울과 부산을 오가며 신규 시장을 개척했고, I사에서는 지점장으로서 5번 연속 챔피언에 올랐으며, 한국인으로서는 유일하게 명예의 전당에 헌액되는 영광을 누렸다. 그리고 8년 동안 대기업에서 영업총괄 임원을 역임했다. IMF 시절에는 식당 사업에 뛰어들어 성공한 경험도 있다. 신기하게도 나는 지역과 업종을 넘어 단 한 번의 실패도 없이 승승장구했다.

　사실 나는 지금도 내가 능력이 있는 사람인지, 운이 좋은 사람인지 도무지 헷갈린다. 남들이 나를 능력 있는 사람이라고 칭찬하면 얼굴이 붉어질 정도로 민망하다. 내 스스로 모자람이 많은 사람임을 잘 알기 때문이다. 하지만 남들이 운 좋은 사람이라고 말하면 마음속으로 살짝 화가 난다. 왜냐하면 내 나름대로는 밤잠을 설쳐가며 열심히 살았기 때문이다.

나는 지금 새로운 꿈을 위해 또다시 맨땅에 박치기를 하고 있다. 내 평생의 꿈인 세일즈 스쿨을 만들기 위한 도전이다. 2014년 2월 HST 그룹을 창업하고, 출사표로서 『딱! 100일만 미쳐라』를 출간했다. 지리산에 'HST힐링센터'를 만들었고, 2016년 5월에 유튜브 방송 〈하석태 TV〉를 개설했다. 그리고 현재 전국을 돌며 강연 활동을 하고 있다. 회사 생활을 하면서 교육 부서에서 일한 적도 없고, 교육 사업을 도와줄 인맥도 없지만, 내가 꼭 해야 할 일이라 확신하는 이 꿈에 인생 후반전을 걸었다.

바람이 있다면, 이번만은 내가 운 좋은 사람이 아니라 능력 있는 사람임을 자평하고 싶다.

내가 만든 회사 'HST 그룹'은 3가지 의미가 있다.

첫째, HST에 내 이름을 걸었다. '하석태'의 이니셜이다.

둘째, HST에 회사의 정체성을 담았다. 영업인의 궁극적인 목표는 세일즈를 통해 행복한 삶을 사는 것이다. 행복한 삶을 위해서는 경제적인 안정과 마음의 평안을 이루어야 한다. HST그룹은 Human(마음)과 Success(성공)를 Training(훈련)하는 회사다. 도시에서는 성공 프로그램을 운영하고, 지리산에서는 마음의 그릇을 키우는 훈련을 한다.

셋째, HST는 세일즈 성공의 3요소다. 성공의 제조 공정에 투입되는 재료는 Habit, Ship, Technique이다. 좋은 활동습관(Habit)을 가져야 하고, 당당한 마음(Ship)으로 무장하고, 요령(Technique)껏 일해야 좋은 성과를 거둘 수 있다.

영업인의 길잡이 〈하석태 TV〉

영업인들의 멘토 역할을 하기 위해 2016년 5월, 유튜브 채널 〈하석태 TV〉를 만들어 매일 아침 8시에 방송을 하고 있다. 아직 욕심에는 못 미치지만, '세일즈'라는 콘텐츠로 2만 명이 넘는 마니아를 만들었다는 사실에 나름대로 보람을 느낀다.

요즘은 간혹 길거리에서 구독자들에게 사인 요청을 받기도 하고, 기념사진을 함께 찍기도 한다. 수백 개의 동영상을 다 봤다고 말하는 구독자를 만난 적도 있고, 지방의 한 회사를 방문했을 때는 동영상 내용을 노트에 전부 필기해 놓은 열혈 팬을 만난 적도 있다. 반갑고 고맙기도 하지만, 내심 더 많이 노력해야겠다는 책임감을 느낀다.

〈하석태 TV〉는 이 시대 영업인들의 길잡이 역할을 자청하며 만든 방송이다. 〈하석태 TV〉는 '실천방송'이다. 하석태식 영업은 '실전영업'이다. 〈하석태 TV〉는 영업인들이 '실전'에서 '실천'하기 위해 시청하는 방송이다.

백일 도전 이벤트

'하석태 TV 2주년' 특별이벤트로 '구독자와 함께하는 공개 백일 도전' 행사를 시행했다. 72명의 신청자 중에는 일본 오사카, 미국 시애틀 거주자도 있었고, 다양한 직종에 근무하는 사람들뿐만 아니라 가정주부도 있었다. 업종, 지역, 나이를 불문하고 백일 도전을 통해 인생의 변화를 갈망하는 사람들이 많다는 사실에 새삼 놀랐다.

2018년 6월 14일, 서울에서 '백일 도전' 발대식을 개최했다. 내가 특강을 하고, 간담회 형식의 질의응답 시간을 가진 후, 각자 백일 도전 행동강령을 발표하게 했다. 지원자들의 비장한 결의와 함께 나도 그들과 함께 내 인생의 일곱 번째 백일 도전을 시작했다. SNS로 '백일 도전방'을 만들어 매일 아침 6시부터 저녁 10시까지 도전자들과 함께 소통을 하면서, 각자의 행동강령을 실천해 나갈 수 있도록 독려했다. 백일 도전 기간 중 두 차례의 중간점검 미팅을 통해 냉철하게 각자의 활동을 점검하는 시간을 가졌고 9월 18일, 드디어 구독자들과 함께한 '공개 백일 도전'을 성공리에 마무리했다.

이후 백일 도전 성공자들의 사례를 〈하석태 TV〉를 통해 공유했고, 도전 우수자 10명을 HST 지리산힐링센터로 초대해 위너스winners 파티를 열었다. 구독자들과 함께한 내 인생의 일곱 번째 백일 도전은 또 하나의 의미 있고 보람찬 도전이었다.

이 책을 집필하고 있는 현재 나는 내 인생의 여덟 번째 백일 도전을 하고 있다. 이번 백일 도전은 ○○교육(주) 영업인들과 함께하는 도전이다. 나의 여덟 번째 백일 도전 행동강령 10계명 중 첫 번째 강령은 '하루 1시간 이상 책 집필하기'다. 백일도전 88일째인 오늘은 일요일이지만, 나와의 약속을 지키기 위해 동네 주민센터 도서관에서 이 글을 쓰고 있다. 내 세 번째 책 『하석태의 세일즈 성공법칙』은 여덟 번째 백일 도전의 산물이 될 것이다.

나는 여덟 번의 백일 도전을 통해 한 단계씩 발전해 현재의 내가 되었다고 확신한다. 기적은 스스로 만들어 가는 것이다.

　내가 왜 이 책을 집필했는지 아는가? 내가 왜 세일즈 스쿨을 만들려고 하는지 아는가? 내가 왜 매일 아침 내 이름을 걸고 방송을 하는지 아는가?

　내가 성공할 수 있는 조건을 조금이라도 갖춘 사람이었다면 나는 애초에 책도 쓰지 않았을 것이고, 하석태 TV도 시작하지 않았을 것이며, 영업교육 회사도 만들지 않았을 것이다. 내가 현재 강연 활동을 하고 있고, 내 이름을 건 방송도 하고 있으니 사람들이 봤을 때 좀 멋져 보일 수도 있겠지만, 나는 객관적으로 평균에 많이 못 미치는 사람이다. 최악의 환경에서 태어나서 자랐고, 지방의 야간대학을 졸업했으며, 외모도 성격도 내세울 것이 없다. 하지만 나는 혈혈단신으로 상경해, 세일즈를 통해 소위 말하는 성공을 했다.

　내가 만일 성공할 수 있는 조건을 조금이라도 갖춘 사람이었더라면, 아마 당신은 '나하고 종자가 다른 사람이니 성공했겠지' 하고 자신을 합리화할지 모른다. 하지만 진짜로 나는 성공할 수 있는 단 한 가지 조건도 갖추지 못했지만 세일즈로 부와 명예를 얻었다. 그래서 내 이야기가 성공을 꿈꾸는 많은 영업인들에게 조금이나마 도움이 될 거라고 믿는다. 나도 했으니, 당연히 당신도 할 수 있다.

기적은 일어나는 것이 아니라, 선택하는 것이다. 이제 그 선택은 당신의 몫이다.